たった4日間で
潜在意識を変え、お金を増やす本

斎藤芳乃

PHP

もし、あなたが、がんばってもお金が増えないことに
悩んでいるとしたら、
それは、「貧乏無意識」のしわざです。

「貧乏無意識」とは今まで周りから誤った潜在意識を
刷り込まれたことによって、いつもお金が増えないことを
選択して行動してしまう、無意識のパターンのことです。

それは、まるで、潜在意識が作り出した貧乏の箱に、
あなた自身が閉じ込められているようなものです。

この箱に入ったままでは、いくらあなたが
お金を増やそうと行動を起こしても、
潜在意識が変わらないため、意味がないのです。

貧乏無意識

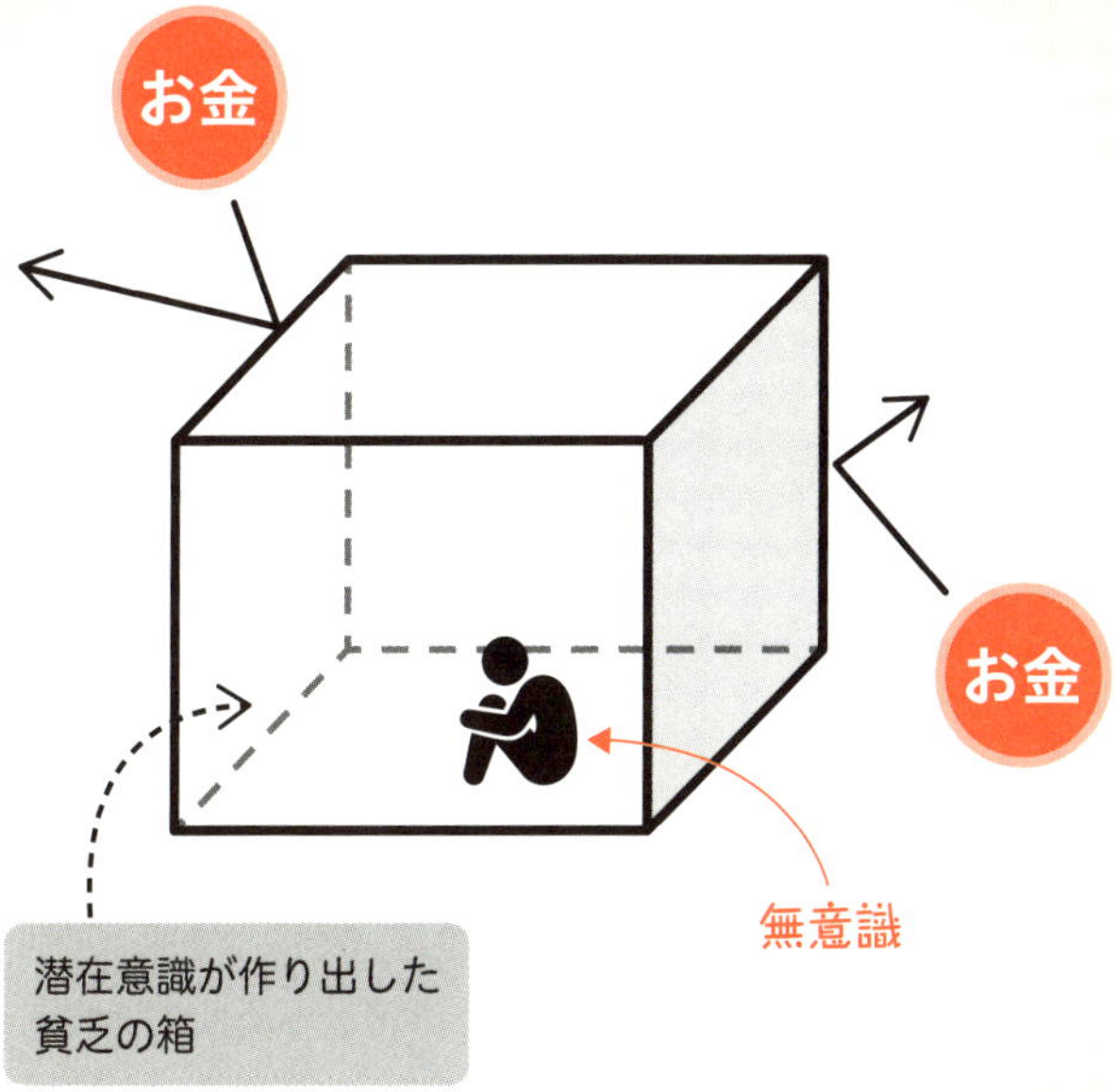

この「貧乏無意識」を抜け出すには
どうすればよいのでしょうか？

それには、自尊心を高めて、自分の根っこである
「潜在意識」を変えてしまうしかありません。

根っこである潜在意識を変えることができれば、
幸せになる、お金持ちになる行動を無意識に選択する
「金持ち無意識」に変わることができます。

本書を読んで、少しずつ貧乏の箱から脱出し、
外の世界に出て、「貧乏無意識」から「金持ち無意識」に
自分自身を変えていきましょう。

金持ち無意識

はじめに

私はマリアージュスクールという、結婚したい、素敵な恋愛をしたいと願う女性に向けたスクールを運営しています。
そのスクールには、バツ2だったり、DVを受けていたりといった、とても苦しい思いをしてきた女性たちが、信頼して来てくれています。「心の花嫁学校」とも呼ばれています。

ここで、「あれ、なんで結婚・恋愛の先生がお金の本なの？」と思われたかもしれませんね。それはもっともです。
実は、お金の本を出させていただくことになった経緯は、花嫁学校を運営している過程で、驚くべきことが起きたからなのです。

それは……。

スクールの講座を受講した方々から、恋愛や結婚を求める過程で、自然にお金を含む豊かさが手に入ったという報告が次々に届いたのです。

「結婚したいと思って勉強しているのに、なぜか、外資系の企業からヘッドハンティングされて、年収が数千万になり、かつ、そこで素晴らしい彼氏ができました」

「良い人と結婚したいと思っているだけなのに、なぜか、彼が実は会社の社長さんで、一流の別荘地に家を買ってもらって専業主婦になりました」

といった、「お金も愛も手に入る」というご報告が届き始めたのです。

それも、一人や二人ではありません。何百人の方から、「昇格しました」「昇給しました」「ブラック企業に勤めていたのに、一部上場企業に転職できました」「いい職場に巡り合えました」「経営者と結婚できました」というご報告が山ほどやってきたのです。

玉の輿《こし》を狙った「フェロモン美女講座」を開催していたわけでもなく、「社長を落とす一流の女テクニック講座」を開催していたわけでもなく、「女を使って男を利用し、のし上がるテクニック」を伝えていたわけでもありません。

それなのに、美魔女でも、恋愛テクニックに長《た》けているわけでもない彼女たちの多くが、どんどん豊かさを手にしていったのです。

そこには秘密……ある共通点がありました。

それは、彼女たちは、**「私は価値がない」という誤った潜在意識の箱から脱出し、「私は価値がある」という正しい潜在意識に変えることができていた**ことです。

彼女たちが豊かでなかった時には、他人から酷《ひど》い扱いをされても受け入れてしまっていました。こんな年齢だからとか、こんな容姿だから、才能がないから……。そんな言い訳をたくさん持っていて、「だから私は愛されない」という辛《つら》い生き方をしていたのです。

講座で彼女たちに伝えていたことはたった一つだけ。こうした無価値感を癒《いや》すための**「自尊心」を持つこと**です。

自尊心とは、自分を大切にし、自分の価値を認めることです。

たったそれだけで、彼女たちはまるで花が咲くように、本来の美しさと個性を取り戻していったんですね。すると、周囲の人からも魅力的だと思われるようになり、自然に愛されたり、大切にされたりするようになりました。**自分が本来持っている力を、ナチュラルに発揮できるようになっていった**のです。

その結果、そういった彼女たちの才能を見込んだ人から引き抜かれたり、「一緒に働きたい」と思ってもらったり、彼女たちを魅力的に思う誠実な（かつ豊かな）男性から、声をかけられたりするようになったのです。

お金が欲しい、と思って動いたわけではなかった。

でも、結果的に自尊心を持ったら、愛も、お金も手に入ってしまったのです。

つまり、お金を手にするということは、単に稼ぐということではない、

「自分が自分として能力を発揮し、自分を肯定しながら、活き活きと生きる」

という、素晴らしい命の在り方そのものだったのです。

私はこのことにとても感動しました。

一人ひとりが違う個性を持っている。誰かに貢献することが、誰かの喜びになり、それが対価となる。豊かになることばかりに卑しく囚《とら》われていないのに、自然にお金が手に入り、そしてそれがさらに自分の命を輝かせる自信になる……。

その美しい循環に、心震えたのです。

「お金＝豊かさ」を手に入れられる、その背景にある「あなたとして生きることに価値がある」ということ。これが、私が受け取って欲しい、お金を手に入れる一番のメカニズムなのです。

この書籍は、あなたに、ただお金を稼ぐだけではない、こうした心震える循環をしてもらいたいと思って書いています。そのために、あなたがあなたとして、「生まれてきてよかった」と感じられるような、自分の価値を認められるような、そんなワークをたくさんお伝えしています。

本書は、1日1章読み、実践をしていくことによって、たった4日間で自尊心を高めて、お金を手に入れやすくする方法を紹介します。

それでは一緒に、豊かさを受け取る方法を学んでいきましょう。

斎藤芳乃

CONTENTS

第1章 お金が増えないのは「貧乏無意識」になっているから

―見えない「箱」に気づき、自尊心を高める―

第2章

「貧乏無意識」から脱出する方法

――お金のメンタルブロックを解除する――

第3章

お金の流れを良くする

見えない「箱」の外にあるお金を引き寄せる

第4章

勝手にお金が流れ込む、お金の受け取り方と使い方

――「金持ち無意識」を当たり前にする――

ブックデザイン　小口翔平＋喜來詩織（tobufune）
装画　北村みなみ
図版　朝日メディアインターナショナル株式会社

お金が増えないのは
「貧乏無意識」に
なっているから

第1章

見えない「箱」に気づき、
自尊心を高める

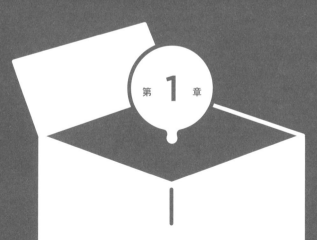

貧乏は100%あなたのせいではない

この本を読んでくださるあなたに最初に伝えたいことは、

「あなたが貧乏なのは、100%あなたのせいではない」ということです。

あなたは今まで、

○自分はお金が稼げない人間だ
○お金なんてどうせ汚いものだ
○私の存在や、行っていることは、とても小さなものだ
○私はお金を与えてもらえない、ちっぽけな人間だ

という誤った潜在意識によって、ずっと貧乏の箱の中に閉じ込められてきました。

この潜在意識の「稼げない、貧乏な根っこ」を変えなければ、どんなに「豊かさが手に入る」とつぶやいてがんばってみても、お金が増えることはないのです。

それは**潜在意識の情報の方が、私たちの言葉や努力よりも、ずっとずっと強い**からです。

この本には、こうしたお金が稼げないメカニズムとともに、「それならどう考えたら、どう行動したら、お金が手に入るようになるのか？」という疑問を解決するワークを載せています。どれも、「イメージする・言葉にする・感じる」という簡単なものなので、すぐにやってみてくださいね。

潜在意識は、感情・イメージ・過去の記憶でできています。それらを変えてあげることができれば、豊かさが巡るようになっていきますから、一緒にがんばっていきましょう。

お金持ちと貧乏な人では見ているところが違う

お金持ちと貧乏な人は、そもそも無意識が「箱」に入っているか、「箱」から出ているかという根本的な違いがあります。言い換えれば、「貧乏の箱の中ばかりを見ているか」「箱の外を見ているか」という**「視点の違い」を持っている**とも言えます。

それではここで、両者の違いを見ていきましょう。

貧乏な人は、**「貧乏にまつわるところ」「貧乏に関わること」ばかりを無意識に見てしまっています**。

たとえば、楽して稼げるというようなうさんくさい情報。

汚い道を見て、ゴミを見て、愚痴を言っているワイドショーやいやなニュースに同意し、政治家の文句を言い、芸能人のゴシップ探しに忙しい。

自分をいじめる上司に対していやな気持ちを抱いてずっと悶々《もんもん》とし、時にはものに八つ当たりをする。「どうせ」とばかりに夜は暴飲暴食に走り、「ままならない」この世界に怒りをぶつける……。

実は、これは潜在意識を紐解《ひもと》いていくと、「自己価値のなさ」「価値のない自分に釣り合う否定的な人間関係」「自分を信頼するより、一時的な鬱憤《うっぷん》晴らし」「否定的な情報」「可能性のない未来」とばかりつながってしまっているんですね。

「私には価値がない」という思い込みがエスカレートして、それにまつわる情報、人ばかりが集まってしまっているのです。

一方、お金を持っている人は、この反対を見ています。

この世界にあるたくさんの美しい場所。有料・無料にかかわらず、そういった素敵な場所でくつろぎ、その場所で笑顔でいる人たちと関わる。「こんな素敵な情報があったんですよ」「素敵な場所があってね」と、美しい世界についてやり取りし、「あなたも素敵ですね」と、人を認めながら温かい関係性を作っている。

他人のことよりも、いかに自分が未来を作っていくかに真剣で、「こんなふうに世界が便利になったらいいな」「こんなことができたら面白い」とビジネスや事業について語り合い、やりたいことがあるからこそ、自分のことを大切にし、スポーツをしたり、健康的な生活をしたり……。食事も自然と、体にいいものをとるように心がけている。


「私には価値があり、あなたにも価値がある」

「この世界には価値があるものがたくさんあふれている」

こうした信念のもと、**価値ある自分として、価値ある世界で活き活きとしながら、自分に価値を感じている人たちと創造性のある仕事をして、さらにその喜びを世界に還元していく**……。

こんなふうに、まったく別の視点で生きているのです。


でも、これは限られた人だけができるのではなく、「私には価値がある」と思えれば、そこから「私の価値」→「あなたの価値」→「世界の価値」→「私の貢献の価値」→「あなたの貢献の価値」→「創造性の価値」→「新しい未来」というように、どんどんつながっていきます。

私には価値がないと思っていた時、私自身も、うつむき、ゴミを見て、ゴシップを好み、自己を卑下し、人間関係のトラブルに巻き込まれていました。

でも、その「無価値な世界の箱」の中にいる必要はなかったのです。

そこから一歩出たら、この世界は本当はもっと温かく、優しく、綺麗《きれい》で、誰かの向上心や誰かの良心に支えられている、美しい世界だったのです。

潜在意識を変えて、豊かさを手に入れた３人の女性

ここで、自尊心を取り戻し、貧乏の箱から出て、実際に豊かさを手に入れた３人の実例を見ていきましょう。

バツ2から、経営者と結婚し、家を買ってもらった主婦のMさん

Mさんは、バツ2という経歴でアラフィフ（年齢が50歳前後）の女性でした。特にキャリアを重ねたわけではなく、職業はお花屋さんでアルバイトをしています。

なぜ、2度も離婚したかというと、彼女も例に漏れず、**自己価値を感じられていなかったため**です。

父親に厳しく育てられた結果、「女性は男性に従うもの」「女性は男性に尽くすもの」「女性は男性に刃向かってはいけない」、こんな価値観を潜在意識にインプットされてしまっていました。

その結果、働かない、酒乱の、DVをする男性を受け入れてしまったのです。

Mさんは、ワークをして自尊心を高めた結果、決して「女性は、男性よりも劣っているのではない」ということに気づきました。女性には女性としての素晴らしい感受性があり、愛もあり、それに救われる人もいる。

「お花屋さんのただのアルバイト」と卑下し、負け犬だと思っていた自分が、本当は愛情深く、忍耐強い、お金に真面目な人間だったと気がついたのです。

その後、彼女は彼女自身の生き方や在り方を認めてくれる、素晴らしい経営者に見初められました。結果的に、彼女は**自分の生き方を肯定的に捉えられるようになったことで、それが誠実な男性に響き、豊かさを手に入れた**のです。

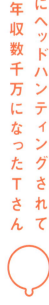

外資系の企業にヘッドハンティングされて年収数千万になったＴさん

Ｔさんは、優れた人たちばかりが集まる専門職の中で、自分一人だけが資格を持っていないことに、**大きな劣等感を抱いていました**。悩むうちに鬱《うつ》に近い状態になり、困り果てて私の講座に来てくれたのです。その時、彼女のセルフイメージは、「私は大勢の人の中で、たった一人、何もできないダメな人間」でした。

けれども、講座の中で、彼女は「そもそも、自分がその職に関連する資格をとりたいわけではなかった」ということ、つまり資格を持っていないことに劣等感を持つ必要がないことに気づきました。

彼女はいじめられた経験があり、本当は、同じように苦しんでいる女性を救いたい、その方たちのために、自分がもともと持っていた資格を使ってサポートしたいと望んでいたのです。

そのことに気づいた結果、彼女は「やりたいことをやる」と決めて、自分が貢献できることを考えて動き始めました。すると、その意志に呼応するかのように、彼女の独立を支援したいと申し出てくれる人や、ヘッドハンティングをしたいという保険業界の外資系の企業が現れたのです。

悩んだ末、彼女はヘッドハンティングしてくれた外資系の企業に勤めることにしました。そこで現在、彼女は自分の能力を活かしながら、何の劣等感もなく活き活きと仕事をすることができています。

そして、勤めて3カ月も経たずに海外でその功績を表彰され、勤務2年目には、すでに数千万の収入を得られるようになりました。

彼女の場合は、**本当の目的を見つめ直し、間違った劣等感を解消できたことが豊かさを引き寄せた**のです。

ＤＶをされて朝４時まで働いていたＫさんが、社長に引き抜かれ素敵な彼氏もできた

Ｋさんは普通のＯＬです。しかし、つきあっていた彼氏がＤＶをし、お金使いも荒い人だったので、彼の浪費の補填《ほてん》をするために、朝８時に会社に行ってから、その後アルバイトをかけもちし、翌朝４時まで働くような生活を余儀なくされていました。

彼女は、お金もない、大切にされもしない中で、スクールで懸命に学んだ結果、自尊心が高まり、自分があえてこうした苦しみを受け入れてしまっていたことに気づき、愕然《がくぜん》としたそうです。

そして、彼氏と別れ、自分を大切にすることを決めました。

心が安定し始めたある日、Ｋさんは趣味で、あるイベントに参加しました。する

と、そこでたまたまある経営者の男性と話す機会があり、その男性がいたくKさんのことを気に入ってくれて、「うちの会社に来ないか」と誘ってくれたのです。

こうしてKさんは、良いお給料の素敵な会社に勤めることになりました。今では大切にしてくれる彼氏もでき、幸せで穏やかな生活を送っています。

彼女は、**他人を大切にし過ぎた結果、自分のことを後回しにしてきました。しかし、講座で自分を大切にすることを学び、豊かさを得られるようになった**のです。

私自身も、引きこもりでした

彼女たちは3人とも、お金が欲しくて動いたわけではありません。

けれど、**自己価値を感じられるようになった結果、引き抜かれたり、自分を大切に扱い、評価し、豊かさを与えてくれる会社やパートナーと巡り会えた**のです。

このように、一見、「お金が欲しい！」と思うことよりも、**お金を得るということ**

の背景にある「与えられ、評価されるにふさわしい自分の命の価値」を感じることで、豊かになっていくのです。

そして、私自身も、虐待されて引きこもっていた過去があります。

あまりにも自分に価値がないと思い、役に立たない、生きていても仕方がない、邪魔な存在だ、という思い込みが強すぎて、外に出ることができなかったのです。

しかし、私も自尊心というものに気づき、自分を認め始めることができたら、心理的にとても楽になりました。

そして、心理的に自由になることができたことで、家の外にも出られるようになり、人に自分を表現できるようになったのです。

自分が学び、実際に効果があったことを人に伝え、その結果、こうして書籍として伝えられるまでになりました。

自分の失敗を元に伝え、それを読んだ方が成功し、感謝とともに社会に豊かさを与えていかれる。孤独で誰にも相手にされなかった私が、今は過去の自分と同じように悩む素晴らしい女性たちのお手伝いをさせていただいています。

あの時、外に出ることができず、一人夜のベランダから星を見上げながら、いつか誰かの役に立って、「この世の中から〝いていい〟と言ってもらえる人になりたい」そう思っていました。

毎日自分を責めて、役に立たない、死んだ方がいい、そう苦しんでいた私はベランダという場所からも出て、この世界の一部として存在させてもらえています。

あなたももう、「無価値感＝私は稼ぐことのできない、お金のない、与えられない、役に立たない」、そんな貧乏の箱の中から出るべきです。出ても大丈夫なのです。

「貧乏無意識」になっているとお金は増えない

それではここからは、実際にあなたが「貧乏無意識」を脱け出すための方法をご説明します。まずは「貧乏無意識」のメカニズムから紹介していきます。実は、冒頭でもお話ししましたが、私たちが「貧乏＝豊かさを手に入れられない」時は、**「そもそも最初から貧乏を選ぶ」という無意識のパターンを持ってしまっているのです**。

まずは、無意識の説明からしていきますね。

無意識という言葉は聞いたことがある方が多いと思います。

「頭で考えていないのに、自動的にやってしまうこと」が無意識です。

たとえば、ボールが飛んできた時に、サッと手を出す。これが無意識ということです。頭では考えていないのに、「ボールが来た、危険！」と反応し、思考より先に手が出ますよね。

その時「私」は、ボールが来たから手を出そう、と判断したりしていません。それよりもっと早く、「勝手に手が出る」というのが、無意識なのです。

ここで大切なことは、**無意識は、思考より先**だということ。

つまり、**「無意識」にしてしまっていることは、思考よりも先に行われているため、がんばって「思考を変えよう！」としても、改善できない**のです。

思考を変えても、いつもいつも「無意識」が先に、勝手に行動してしまう。先に手が出てしまうのです。ということは、思考をがんばって変えようとしたところで、無意識にしてしまっていることは変えられません。

貧乏無意識も同じです。あなたががんばって、思考で「お金持ちになる！」と考えるより先に貧乏を無意識が選んでしまったとしたら、それは止められるでしょうか？「ボールに手を出す＝貧乏を選ぶ」という反応は変えることはできませんよね。

無意識とは、「自分が意識しないうちに行われていること」だからです。

「なんでがんばっても変わらないんだろう？」と今まで不思議だったかもしれません。けれどそれは、**あなたの無意識が、ボールに手を出すように、最初から貧乏を選**

んでしまっていたからなのです。

お金持ちになろうという努力以前に、あなたは「自分が貧乏になる情報を選んでしまっている」。

お金を得られる自分を認識する前に、あなたは「貧乏＝稼げない、手に入らない、豊かになれないのが当然」のあなたで、毎日を生きてしまっている。

お金を得られない情報を見て、お金を得られないことを考えて、お金を得られない環境を選んで……。

こんなふうに、**努力や思考よりも先に、あなたの無意識が貧乏を選んでしまっていた**のです。

つまり、あなたの無意識は、あなたが気づかないうちに、完全に「お金を稼げない、得られない」という貧乏の箱に、すっぽりと入ってしまっているようなものなのです。

この潜在意識が作り出した貧乏の箱は、あらゆる角度から、あなたという人を貧乏に閉じ込めます。

たとえば、あなたが努力しようとしても、あなたの無意識が「どうせ私なんて、しょせん、稼げなくて当然の、あまりいいところがない人間だなあ」という箱に入っていたとしたら、あなたの努力は無駄になります。がんばってもがんばっても、あなたの無意識が強固にその箱から出ないため、努力が実ることはありません。

あなたの無意識は、あなたの努力を、「そんなことやっても、結局、あなたはしょせんこの程度なんだよね」と否定しています。

あなたの現実は、あなたの現実的な努力や労力よりも、この無意識に引っ張られてしまうのです。

では、私たちが現実を変えたかったとしたらどうすればよいのか。

まずは、思考を変えようとしたり、努力するよりも先に、この**「無意識を閉じ込めている箱＝あなたの潜在意識」を変えていく必要がある**のです。

「貧乏無意識」のメカニズム

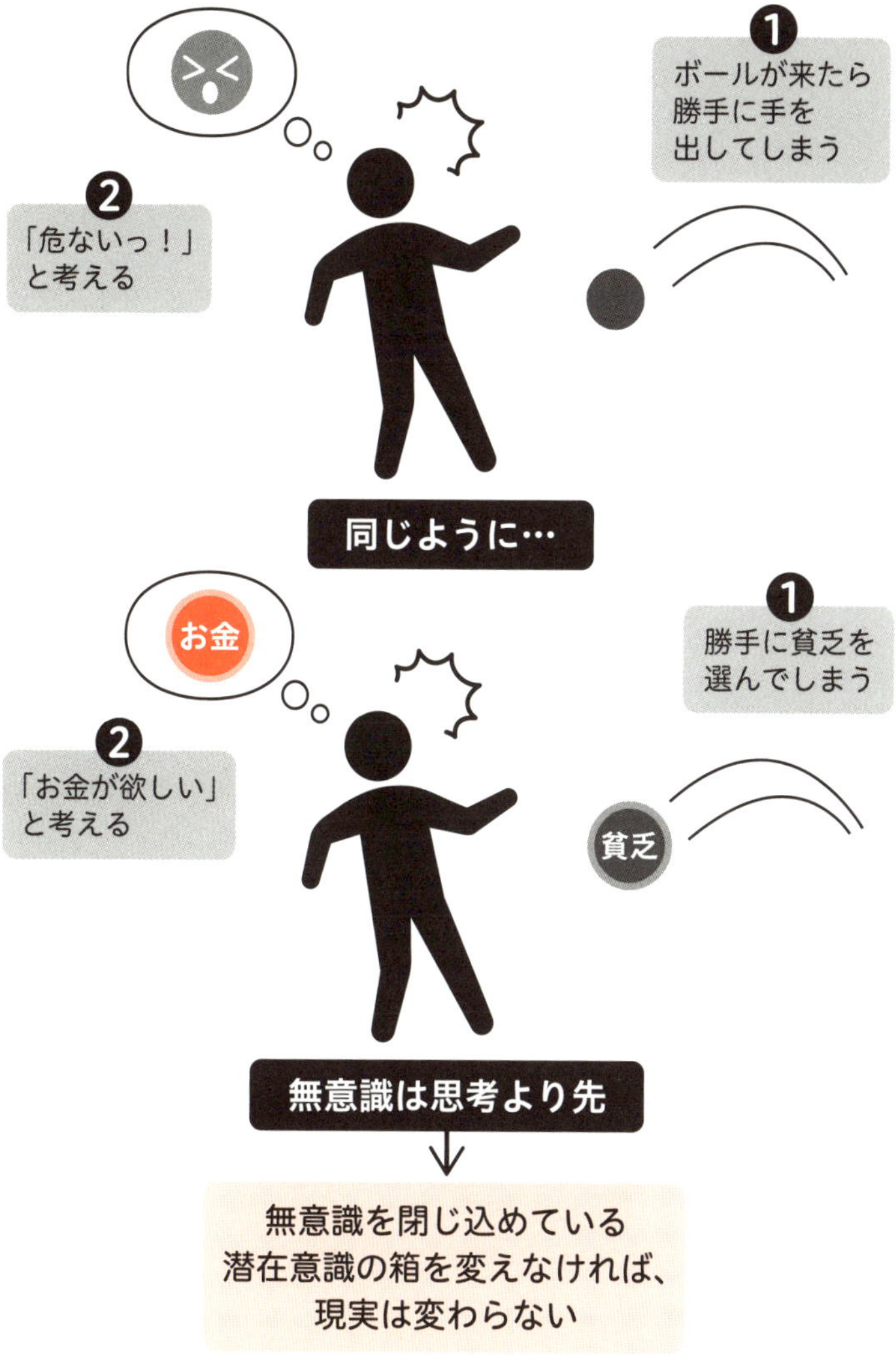

「貧乏無意識」を生み出している「箱」に気づく

「貧乏無意識」から抜け出したいのであれば、あなたの誤った潜在意識が作り出した貧乏の箱に気づくことから始めましょう。

まず、「そもそも最初から、私は自分を稼げない人間だと思っている」という劣等感や無価値感に気づいていきましょう。

貧乏無意識の箱に入ってしまっている自分に気がつくことが最初のステップです。

次のように、あなたとお金を引き離している「そもそも最初から」という思考パターンを書き出してみてください。

●私は、学生時代から自分をダメだと思っていた。（劣等感）
●私は、優れている同級生よりも、自分はできない人間だと思っていた。（比較）
●私は、兄弟・姉妹と比べられて、優秀ではない。だからいい会社にも勤められないと思われていた。（無価値感）
●私は、勉強ができなかった。だから、学校で褒められることがなかった。（否定）
●私は、何をしても一番になれなかった。だから、特別、自分は優れた人間ではないのだと諦《あきら》めて生きるようになっていた。（諦め）
●私は、優れた容姿や、特別な才能がなかった。だから、最初から特別な職などには就くことができず、勤め続けることしかできないと思っていた。（制限）
●私は、学校の勉強以外のことをすることを許されなかった。そこで、他の人と同じように結果を出すことだけを親から求められていた。自分が得意な美術などをすることを許されなかった。（禁止）
●私は、女性だから、男性だから、「他の人と同じように、その性別に合った優れた環境に就職し、優れた生き方をする」ということを求められていた。（差別）

こうして書き出していくと、「そもそも最初から」あなたの才能を否定されたり、「そもそも」こう生きるのが当然だと押しつけられたり、「そもそも」こう生きることが正解で、それ以外は劣等生だと決められている箱の中で、あなたは苦しんできたと思います。

それは、あなたのせいではなかった。

あなたに非はなかった。

けれど、生まれながらに、最初から、あなたを押さえつける、あなたを否定する、あなたが劣等感を持たなければならないような、あなたが才能を発揮できないような、そんな小さな小さな箱の中に入れられていたんですね。

つまり、**あなたが「稼げない」「貧乏になった」のではなく、「稼げない人間」として、ぎゅっと箱の中に閉じ込められるしかなかった**のです。

こんな環境では、あなたは豊かさを手に入れることはできません。

それにまず気がつくことが最初の一歩です。

あなたの周囲の人が入っている「箱」を見てみる

そもそもなぜ、あなたはこんなふうにあなたを幸せにしない箱に入ってしまったのでしょうか？

それは、先ほどお伝えした通り、あなたのせいではないのです。

あなたに対して、こうした箱に入るよう勧めた周囲の人がいるのです。

ここでは、あなたの周囲の人たちが入っている箱を見てみましょう。あなたを貧乏の箱に入れた人たちの価値観や生き方を見るためです。

あなたの周りにこういったことを考えていたり、言ったりしている人はいませんでしたか？

○才能がない自分という箱に入って、「だからこの程度しか稼げなくて当然」
○女性だからという箱に入って、「だからクリエイティブな仕事はできない」
○劣等生だという箱に入って、「だから一部上場企業に勤めることなんてできない」
○過去、一番になったことがないという箱に入って、「だからどうせ社会人になってからも、この程度しかできない、この程度しかお金をもらえなくても仕方がない」
○自分には自立心も能力もないという箱に入って、「一生、人に雇われて働くのが当然」

ね、気づきましたか？

こういったことを口にしたり、考えている人って周りに大勢いますよね。本当にたくさんの人が、自分で箱に入っているのです。

誰かに「箱に入れ！」と言われたわけではありません。けれど、**「私はこの程度だよね」と最初から見切りをつけて、「こうなって当然だよね」と、自分で言いながら、周りの人も貧乏の箱に入っていく**のです。

周りの人も自分で箱に入っている

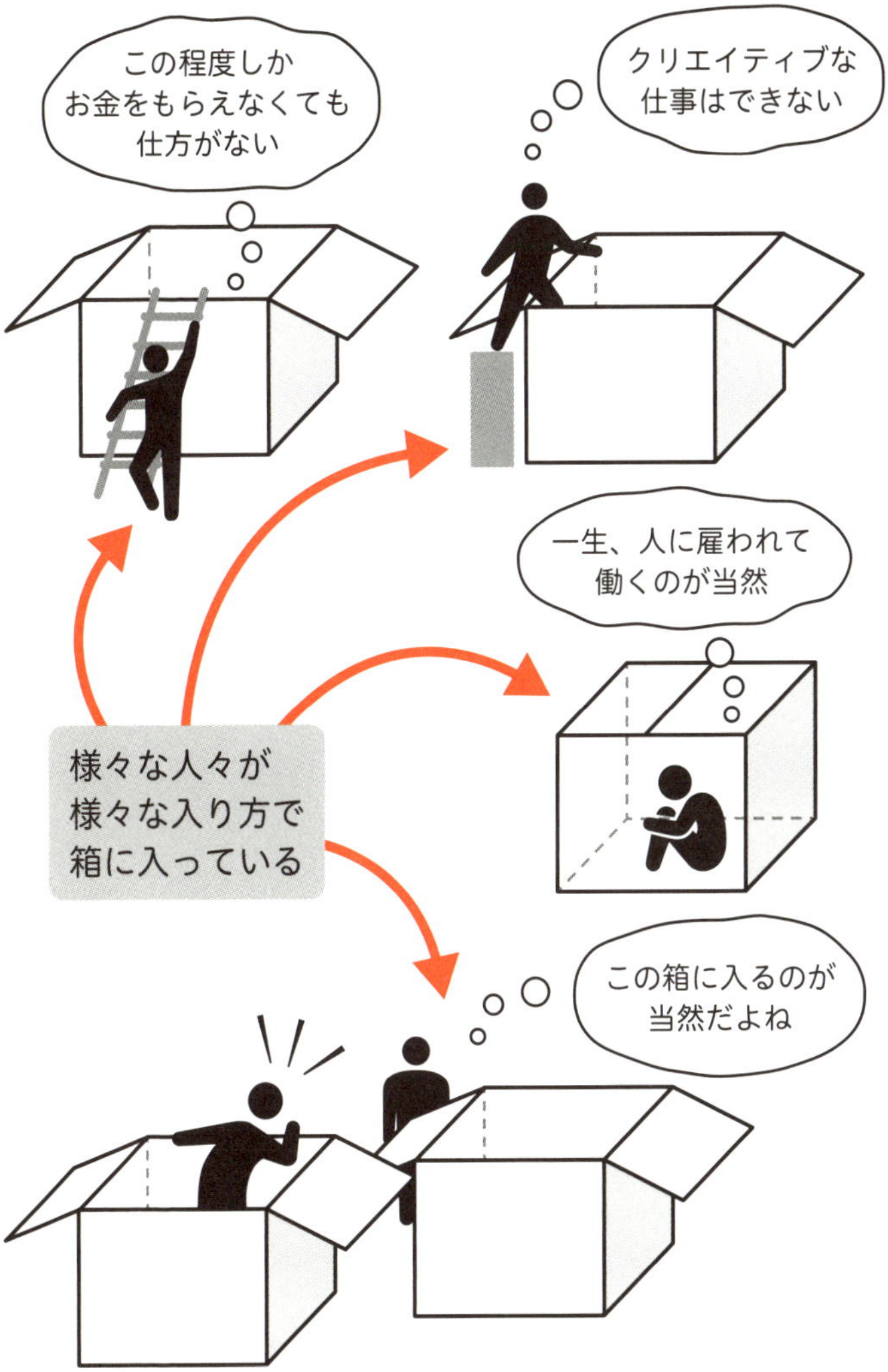

自分で決めて箱に入っていますから、そこから出ることはなかなかできません。

あなたを箱に入れた人も、こうして箱に入っていたのです。そして、箱に入る以外、選択肢を知りませんでしたし、箱に入るのが当然だと思っていました。

だから、あなたのことも、知らないうちに箱に入れてしまったのです。

そして、この箱は、「社会的な価値観」「こうなって当然」「こうするのが常識」「こうする生き方がいいはず」という、**人生における指針として、親から子へ、旧世代から現世代へと、脈々と受け継がれています**。

箱に入るのがいいよ。

箱に入るものなんだよ。

そう言われながら**みんな無意識に、箱に入る生き方をしている**のです。

でも今、貧乏無意識に気づいたあなたは、もうこの箱に入りたくないと思っています。この箱から出たいと思っています。それでいいんです。

箱から出るということは、箱に入ってしまった人を否定することではありません。箱に入った自分を箱から出し、周囲の人にも、「もしもし、その箱から出ていいのですよ」と伝えることができるようになることです。

箱の外の光景は、とても自由ですよね。

学校で一番にはなれなかったとしても、あなたの優しさは、命を救うほどの影響力を持っているかもしれない。

勉強ができなかったとしても、あなたのクリエイティブで斬新な発想は、「すごい！　これがあったら、本当に人生を生きるのが楽になるよね！」と言われるかもしれない。

箱の外に、本当は自由に出られるのかもしれない。
箱の外の世界が、あるのかもしれない。

こう思えたら、もう、あなたは「貧乏無意識」から脱出する準備ができています。

自尊心の源となるエネルギーを得る

ここまでで、あなたは「貧乏無意識」の箱の存在を実感し、それが周りからの影響が原因であったことをはっきり自覚できたのではないでしょうか。

箱から出るための準備として、次に、自尊心の源となる「エネルギー」を得るワークを紹介します。

ステップ 1 **自分が落ち込んでいた時のことを思い出してみてください。**

その時の自分は、豊かになることなんてできない、豊かさなんてとても遠いものだ、と思っていたかもしれません。まずは、その**孤独感、やるせなさ、いたたまれなさ、苦しみ、辛さなどを感じてみてください**。

この時には、自分の体の感覚は冷たく、寒い気がして、気持ちも重く、ぐったりとだるい感じがするはずです。

ステップ 2

次に、他人の評価ではなく、あなた自身ががんばってきたことを思い出してみましょう。

「あの人はああ言ったけれど、私は私なりにとてもがんばってきたんだ」
「あの人は知らないかもしれないけれど、私は泣きながらでも精一杯やってきた」
「先生には誤解されたけれど、私はがんばってきた」
「親は気づいてくれなかったけれど、私は必死に愛してきた」

このようにして、「あの人は気づいてくれなかったけれど」、それでもがんばってきた自分のことを思い出してみましょう。

ステップ 3

そして、そのがんばった自分をぎゅっと抱きしめて、褒めてあげてください。

「誰も分かってくれなかったけれど、でも、努力してきたね」
「あなたのことを理解してくれる人がいなくても、確かに私は見ていたよ」
努力家の自分のがんばりを思い出しながら、たくさん褒め言葉をつぶやいてみましょう。

こうして自分で自分を褒めてみると、誰も褒めてくれなかったけれど、やっと自分の努力を認めることができた……。そう思えるようになり、胸がいっぱいになり、心が温かくなり、誇らしいような、心からさらに自分を褒めてあげたくなるような、そんな感情や感覚が湧き上がってくるはずです。

これが、**自尊心の源となる「エネルギー」**です。目には見えないけれど、あなたの中に確かにあるもの。あなたがこうして視点を変えて、自分をしっかりと認めてあげただけで、とても温かい感情が湧き上がってきますよね。

この感覚が持てた時「**自尊心**」が生まれます。**私が私のことを、大切に思っている、評価しているという感情**です。そして、こうして湧き上がってくるものが変わる時、あなたの潜在意識はすでに書き換わっているんですね。

こうしたエネルギーは、「評価されていない冷たい感情や感覚」とは異なります。

ただこれだけで、**あなたの潜在意識は、「大切にされない、評価されないダメな自分」から、「がんばってきた努力家の私」というように、書き換わります。**

そしてこの温かい感情・感覚・自分を誇れるような胸がいっぱいになる思いが、ポジティブな「他人からも褒めてもらう」という現実につながるのです。

自分の才能に気づき、自尊心を高める

自尊心の源となるエネルギーを感じることができたら、次は自尊心を高めるワークを行っていきましょう。

ステップ 1

まず、あなたの能力を知るために、左の項目一覧の中で、当てはまるものにチェックをつけてみてください。

- □ 人が好き
- □ 異性が好き
- □ 真面目
- □ 誠実
- □ 裏表がない
- □ 改善する意欲
- □ 情熱
- □ 公平である
- □ 思考能力
- □ 知識力
- □ 頼る力
- □ 自立する力
- □ 知性（現実に対処する力）
- □ 孤独に対する耐性
- □ 夢見る力
- □ 物事を達成する力
- □ 思い続ける力
- □ 始める力
- □ 素直さ
- □ 工夫する力
- □ 創作意欲
- □ 自分を省みる
- □ 記憶力
- □ 判断力
- □ 決断力
- □ 肯定する力
- □ 純粋さ
- □ 清らかさ
- □ 潔さ
- □ 目的に向かう力
- □ 専門性
- □ 一途さ
- □ 人間らしさ・温かさ
- □ 目立つのが好き
- □ 愛らしさ
- □ 甘える力
- □ まっすぐな気質
- □ 受け取り上手
- □ 与え上手
- □ 笑顔
- □ 持続力
- □ 切り替えの早さ
- □ 気づく感性の高さ
- □ ストレス耐性

項目一覧

□美しさに惹かれる力	□正直さ
□美を意識する精神性の高さ	□勇気
□美を発見する力	□自分を信じる力
□美を保つ力	□物事を分析する力
□美に対する敏感さ	□経済力
□優しさ	□実務能力
□情の深さ	□相手とつながる力
□包容力	□聞き取る力
□理解力	□想像力
□共感能力	□読み取る力
□観察力	□表現力
□遊び心	□選択する力
□ユーモア	□直感力
□客観力	□母性
□行動力	□真実を見通す力
□意志の強さ	□癒す力
□気配り	□正義感
□忍耐力	□堂々としている
□創造性	□弱者を守る強さ
□オリジナリティ	□繊細さ
□粘り強さ	□優美さ
□品性	□華やかさ

ステップ2 次に、あなたの持っている能力が、どれくらい、人や世間を豊かにするのかを結びつけ、書き出してみましょう。

たとえば、決断力にチェックを入れた人は、人が決められないプロジェクトの進行をサッと決めることができるでしょう。

思考能力にチェックを入れた人は、飽きっぽくて考えるよりも行動することが得意、という人よりも、ビジネスの場でずっと粘り強くアイデアを出したり、改善点を挙げることができます。

こうした生まれ持った資質以外にも、たとえば勉強して培った「専門性」という能力は、それだけで「他の人ができない」ことになります。

このように、まずは、**あなたの能力がどのように人を豊かにするのかを結びつけ、書き出してみましょう**。

その際に、あなたは書き出せただけたくさんの能力を持っていることを、しっかりと自覚してください。

自分の価値を時給換算してみる

次にあなたが今まで貢献したことを意識して、さらに自尊心を高めていきましょう。

ついつい他人のためにばかり動き、見返りをもらえない、自分を犠牲にしてしまうことで自尊心が高まらないという人にぴったりなワークです。

ステップ１ **まずは、あなたが過去、他人にしてあげたことを思い出してみてください。**

「優しくしてあげた」「話を聞いてあげた」「いやな仕事につきあってあげた」「友人の恋愛の愚痴を聞いた」などです。ちょっとしたことでもいいので、思い浮かべてみましょう。

ステップ2

その時、あなたがしてあげたことは、時給換算するとどれくらいのアルバイト料になるか考えてみてください。

「同僚の残業の手伝い＝2時間5千円」「友人の恋愛の愚痴を聞く&カウンセリング＝2時間7千円」など。相手へのケア、助言、コンサル、世話をするなど。ちょっと抵抗があっても、「自分のしたこと」にしっかりと金額をつけてみます。

ステップ3

それらの総額を受け取ると、あなたはいくらくらい手に入れることができるかを考えてみましょう。

おそらく、人生の中で、ここ数年だけを思い出してみても、数百万、数千万の価値があると思います。これが、**あなたの得るべきお金**です。

「好意でやったことをお金に換算するなんて」とか、「当然のことだから」とか、「なんでもお金で考えるのは品がない」とか、色々な拒絶の理由があるかもしれません。

けれど、こうして**「しっかりと自分の価値を感じる」ことができなかったからこそ、無償で相手に与え続けてしまっていた**のです。

これを「**犠牲の貧乏無意識**」と言います。

あなたにとって、相手はとても大切な人だからこそ、やってあげていたのかもしれません。しかし、こういうことが積み重なると、相手はあなたを「やってくれて当然の人＝ただ働きさせる」というパターンができあがります。これが犠牲です。

こんなふうにあなたを安売りしないために、**自分のしていることをしっかりと値踏みすることで、犠牲を避け、自分の価値を再確認する**のです。

自分がもたらす大きな経済効果を感じる

あなたの素晴らしさや貢献は、実は、さまざまな素晴らしい世界、経済効果を生み出しています。それにあなたは気づいていないだけなのです。このワークでは時給換算からさらに進んで、あなたの経済効果を感じてみましょう。

ステップ 1 **あなたが過去、笑顔で接してあげた相手のことを思い浮かべてみてください。**

ステップ 2 **あなたに笑顔で接してもらったおかげで、その人が、誇りを持つことができたところを想像してみてください。**

「私はこんなに大切にされていい人間だったんだ」「私がしていることはこんなに素晴らしかったんだ」と、気づき、その人が誇りを持って笑顔で仕事をした結果、その人に接した人がまた、同じように温かい気持ちになって、それぞれの職場や家庭に帰っていきます。

ステップ 3

あなたが直に接した人、そして、その人が接した人、またその人が接した人……と、すべての人が、あなたを起点として、誇りを持って笑顔で仕事ができるようになった場面を考えてみてください。

ある人は、もっとクリエイティブなアイデアが出るかもしれません。ある人は、普段よりももっと効率よく働くことができたかもしれません。奥さんにも子供にも優しくなって、その子供が成長して、立派な社会人になって……。

その人たちの給料の合計はいくらになるでしょうか？　そして、その人たちが社会に貢献した総量は、どれくらいになるでしょうか？　換算すると莫大《ばくだい》な額になると思います。

ステップ 4

あなたのおかげで、こうして経済が回り、より良い社会が作られていっている。その風景を想像してみましょう。

今だけではなく、未来に豊かさと幸せが広がっていく。

おおげさだと思いましたか？
でもこれが、あなたの本当の力なんです。あなた一人の影響力は、日本の未来にまで及んでいるのです。

自分にふさわしいものを選び直す

自分の素晴らしさを充分に感じることができるようになったら、今度はあなたの人生を棚卸しして、すべてを選び直してみましょう。

ステップ 1

過去、箱に押し込められてしまったけれど、本当はたくさんの素晴らしかったあなたを改めて感じてみましょう。

あなたは本当は、とても優しかったり、正義感が強かったり、努力家だったり、美しいセンスを持っていたり、無邪気だったり、想像力が豊かだったりするのです。周囲の人が押し込めた箱の中で、隠れて怯《おび》えながら生きなければならない人ではなかったはずです。

ステップ 2

イメージの中で、あなたが自分と同じように優しい人と優しい関わりを持っているところを想像してみてください。

その自分は、本当はどんな相手と釣り合う人間だったでしょうか？　怖い人や支配する人ではなく、優しい人と釣り合う人間だったはずです。

ステップ 3

イメージの中で、あなたと同じように誠実で、仕事ができる人がたくさんいる職場で、あなたが働いているところを想像してみてください。

誠実なあなたは、本当はどんな職場と釣り合う人間だったでしょうか？　ルーズだったり、適当だったり、あなたに色々なことを押しつけたりするような職場ではなく、同じように、働くことに誠実で一生懸命な人が多い職場がふさわしかったはずです。

このようにして、「本当のあなた」に、「本当はふさわしかった」職場・人間関係・恋愛相手・友人・着るもの、食べるもの……すべてをイメージの中で選択し直してください。そして、それを手にしているところをじんわりと実感してみます。

ただイメージしているだけのように思えますが、これらのワークをすることで、**「幸せの根拠」「自分の過去」「現実的な選択（再選択）」がイメージできると、潜在意識に「本当にあなたにふさわしい人・もの・状況」がインプットされます。**

すると、このインプットされたイメージがコアとなり、イメージしたような現実がやってきてくれるのです。

今までの自分に「ごめんなさい」をする

今まであなたは、本当に努力して生きてきました。でも、思い返してみれば、他人の作った箱の中に入って、「私は努力していない」とか、「私はあの人から見てダメだから、ダメな子なんだ」というように、自分を自分自身で否定してきたのですよね。けれど、それをもうやめましたね。実際にあなたはがんばってきたのですから、この章の最後に一度自分をねぎらいましょう。

ステップ１

まずは、もう一度、あなたが本当に努力したり、がんばったりしてきた過去の記憶を思い出してみてください。

特に、「泣きながらでも仕事を終えた」「自分が犠牲になってまでも、あの人のためを思って愛してきた」など、具体的に思い出してみましょう。

ステップ２

そんな自分に対して、「今までダメだと思い込んでいてごめんね」と謝ってください。

そして、私は自分が今まで努力してきたということを、しっかり見てきたということを自分自身に伝えながら、自分の努力を再度、思い出してみましょう。

潜在意識は、実は「周囲の人から言われたこと」ばかりを信じ込み、洗脳されています。だから私たちは、無意識に自分のことをダメだと否定してしまうんですね。

でも、顕在意識には、きちんと、自分ががんばってきたことの記憶があります。私はちゃんとやってきたし、私はちゃんと与えてきたし……という、「誰も知らないこと」を、しっかりと覚えているのです。

だからこそ、それを思い出しながら、**あなたの潜在意識に対してもう一度自分のがんばりを認めさせ、教え直すことで、潜在意識に自己価値をしっかりと焼き付け直せる**のです。

第1章まとめ

●「貧乏無意識」は、誤った潜在意識により、無意識が貧乏の箱に閉じ込められることによって生まれる。

●豊かさを手に入れられない時は、最初から貧乏を選ぶ、「貧乏無意識」に陥っている。

●貧乏の箱に入ってしまったのは、周りの人に同じ箱に入るように言われたから。

●潜在意識を変え、自尊心を高めることで、貧乏の箱からは脱出できる。

第2章

「貧乏無意識」から脱出する方法

お金のメンタルブロックを解除する

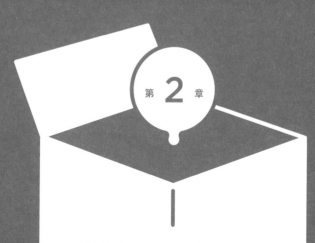

お金持ちはお金が味方、貧乏な人はお金が敵

第1章では自分が入ってしまっている潜在意識の箱に気づき、そして自尊心を高めて、その箱から抜け出す準備を行ってきました。第2章ではお金に対する潜在意識を変え、貧乏無意識から脱出する方法にいよいよ移っていきます。

誤った潜在意識を変えるには、まずお金に対するネガティブなイメージ・感情を変える必要があります。

ここで、お金持ちが抱くお金のイメージを見ていきましょう。

お金持ちは、お金をポジティブなイメージや、ニュートラルなイメージで捉えています。

ポジティブなイメージとは、

「気持ちのいいもの」「好きなもの」「価値があるもの」「大切なもの」「持っていると温かくなるもの」「安心できるもの」「かけがえのないもの」「味方である」「寄り添っていてくれる」「可能性をくれる」「私を守ってくれる」「いつも私の側《そば》にいてくれる」「私を大切にしてくれる」

読んでいるだけで、とても気持ちよくなりますね。

また、ニュートラルなイメージとは、「あってもなくても、そこまでこだわらない」「それだけがすべてではない」「それだけが目的ではない」「あればあったで素敵なもの」「世の中の公平な価値基準」「道具として優秀」「がんばれば手に入る」「なくてもそんなに困らない」「あれば楽しい」

こちらは、読んでいてもそこまでべったりした気持ちにならず、シンプルに道具としてつきあっている感じがします。

けれど、**貧乏でお金がない人ほど、このお金に対するイメージがネガティブになっています。**

たとえば、

「お金は汚いものだ」「お金を欲しがるのはいやしい」「お金は人を不幸にする」「お金があると争いになる」「絶対に私のところには来ない、敵である」「お金があるからって偉くない」「お金で買えないものだってたくさんある！」「お金は私には縁遠いもの」「がんばったって、どうせ私のことなんて無視するし……」「お金で争いが起きて、殺人だって起こるんだから」「やましいし、いじきたない」「お金にこだわる人って本当に最低」「人の心まで変えてしまうし、怖い」「愛でさえ買えてしまう恐ろしいもの」

だんだん、恨みつらみになってきましたね。書いていて怖くなってきました。

けれどお金が手に入らなくて悩んでいる人は、意識している、いないにかかわらずこれくらい、お金に対してネガティブで怖いイメージを持ってしまっているのです。

このように、私たちの抱くイメージには、必ず感情がくっついているのです。そして、**自分がどんな感情を持っているかによって、お金とどんなふうに引き寄せ合うかが決まってしまいます。**

お金自体は悪くないのです。ただの紙ですよね。

けれど、そこにあらゆるイメージを乗せて、まるで、ゴミや殺人鬼のように考えてしまっていたとしたら、そのようなものを、人は心理的に近づけたくなくなります。だからこそ、あえて遠ざけてしまうのです。

「汚いから捨てなきゃ！」「持っていたら危険だから、ない方がいい。トラブルにしかならないし」「持っていたら人が変わって、それこそ人間性まで変わってしまう……」

こんなふうに思っていたとしたら、お金を持ったとしても、無意識に捨ててしまいます。あるいは、恐ろしくて、最初から持たなくなってしまいますよね。

お金が入ってもいつの間にか出て行ってしまう、何に使ったか分からないけれど消えていく、余計な出費が多いという人は、こうした悪い**「感情的なイメージ」を避けるために、あえてお金を持たないようにして、自分を守っています。**

最初からそんなに稼げない、楽にお金をもらわない、少量の仕事だけを細々とする……という人も、同じです。

無意識に、「お金という脅威」から自分を守り、お金を持たないことで平和を保とうとしています。

お金に対するイメージの違い

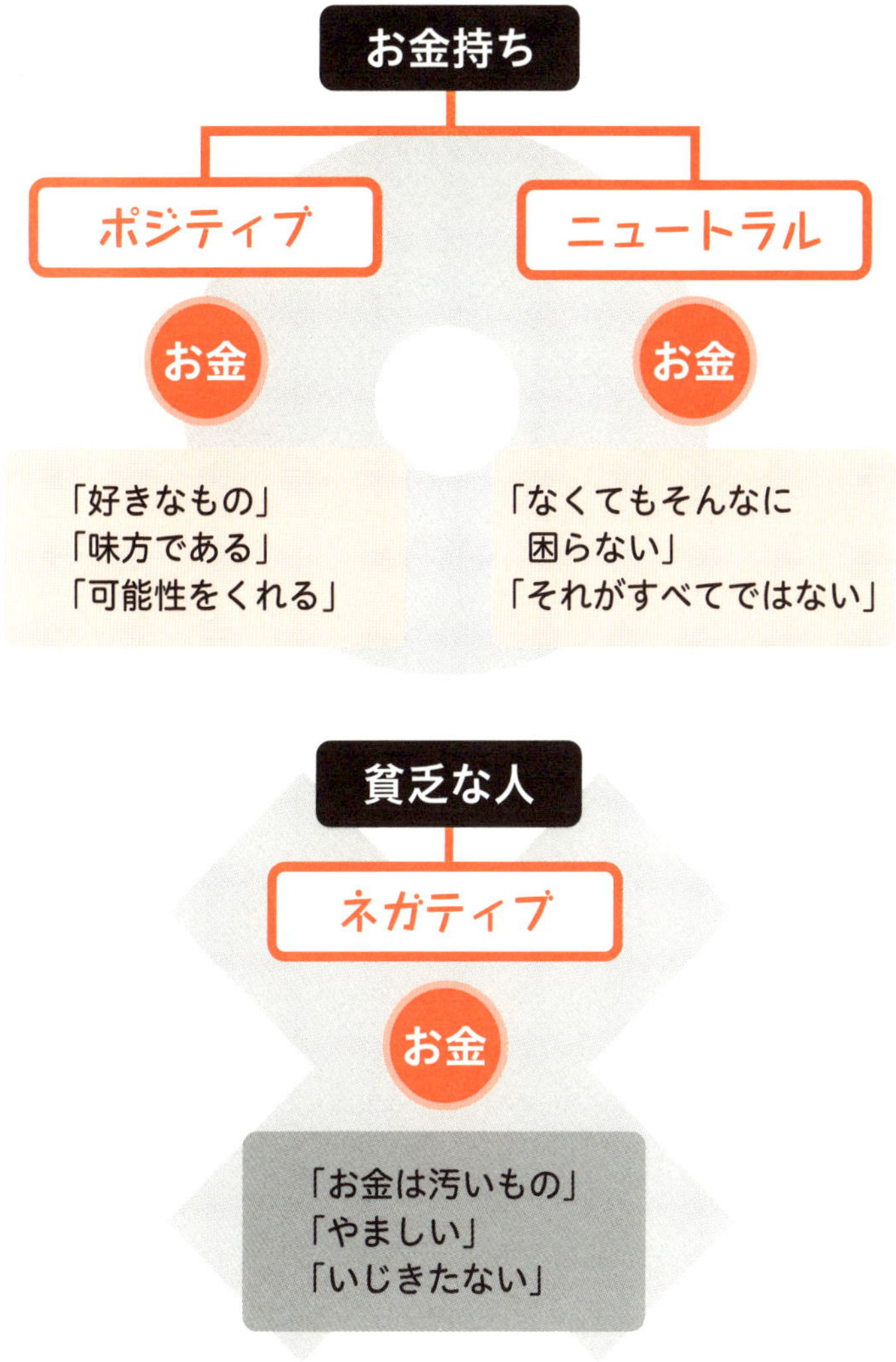

お金に対する悪い感情を良い感情に変える

それではここで、本格的にお金に対する感情を変えるワークをしていきましょう。

ステップ1

まずは、あなたがお金に対して持っているネガティブなイメージを思い浮かべてみてください。

「お金を持っていたら、いつか人に騙《だま》される」「お金を持っていたら、傲慢《ごうまん》になって人を見下す」「お金があると本当の愛は手に入らない」「お金があると争いになって、いつも酷いことに巻き込まれる」

こうしてイメージを思い浮かべることができたら、一緒に感情も受け取ってみましょう。とてもいやな気持ちになると思います。

でも、ここまでイメージしたら、気づいてください。

あなたがいやだと思っている感情は、お金に対するものではなく、「そのお金を扱った人に対するもの」だということに。

つまり、あなたは本当はお金がいやなのではなく、「お金があるからといって、そういった振る舞いをする人たちが無性にいや」なのです。

実は、**お金への嫌悪は、「そのお金を扱う人そのものに対する嫌悪」**だったのです。

ステップ 2

「お金」に対して抱いていたネガティブなイメージを、「悪いお金の使い方をする人」に対するネガティブなイメージにしっかり変えてみましょう。

お金のために人を殺す人はいや。
お金で愛を買う人はいや。
お金で人を思い通りにしようとする人、お金で思い通りになってしまう人もいや。

ここでの嫌悪や、こういった人への軽蔑《けいべつ》は、実は「正しい軽蔑」なんです。

なぜなら、これは**「人に対する差別」ではなく、「私はそういう生き方をしたくないという、自分の正義感や大切にしている価値観に基づく区別」だから**です。

「いや」でいいんですね。あなたの人生は、あなたが大切にしている価値観や正義感とともに、あるべきだからです。

ステップ3

さらに今度は、あなたが良いと感じるお金の使い方をしている人をイメージしてみましょう。

「稼いだお金をボランティアに寄付する」「恵まれない子供たちと利益の一部を分かち合う」「世の中が良くなるような事業に投資する」「道路や鉄道を通して便利にする」「DVをされていた女性が守られるシェルターを作る」「医療危機を救う」

その人たちのことを思うと、尊敬する気持ちや、温かい気持ちを持つと思います。

ステップ4 そしてその上で、その人たちが与えたお金によって、どんな効果が生まれたのかを考えてみましょう。

誰かの命を救うことができた。そんな感謝が満ちあふれた世界かもしれません。
危機を感じていた子たちが、安心して笑顔でいられるようになった。そんな安心感に満ちた環境かもしれません。とても便利で、豊かで、快適な環境かもしれません。

ステップ5 そして、最後にその感情を感じてみましょう。

安心感、温かさ、優しさ、快適さ、リラックス、笑顔、きらきらとした気持ち……。

こうして何度もお金に対する良い感情を持ってあげることで、あなたが無意識にお金に抱いていた感情が書き換わります。

その結果、「お金は憎らしいから持たない」「お金を持っていたら危ない」「お金は汚いから手放す」といった無意識のパターンが終わり、お金が貯まる、お金が手に入る土台が作れるのです。

これができたら、もうあなたは箱から出られます。

ブラックホールのように、働いても働いても恵まれない。貯まらない。稼げない。何かにつけて使ってしまう。

こうしたネガティブパターンが終わるのです。

お金に対する感情を変える方法

ステップ1

お金に対する
ネガティブな
イメージを思い浮かべる

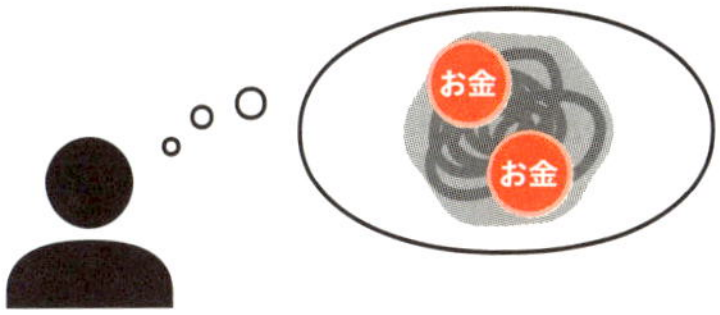

ステップ2

悪いお金の使い方を
する人に対する
ネガティブな
イメージに変える

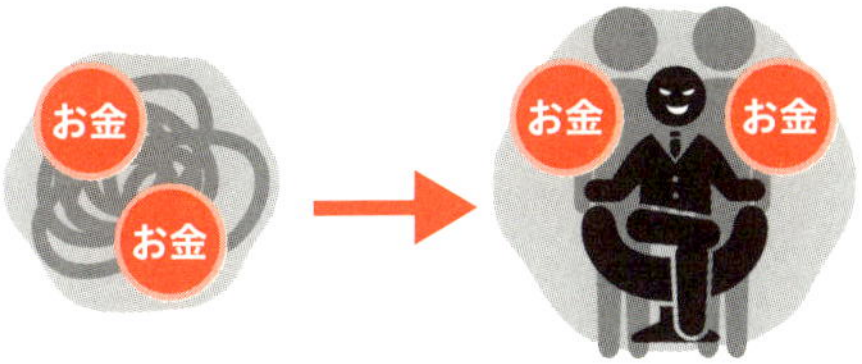

ステップ3

良いと感じる
お金の使い方を
イメージ

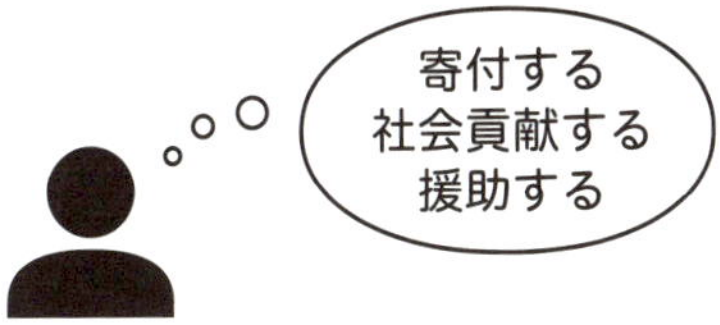

ステップ4

その人たちが
与えたお金
によって生まれた
効果を考える

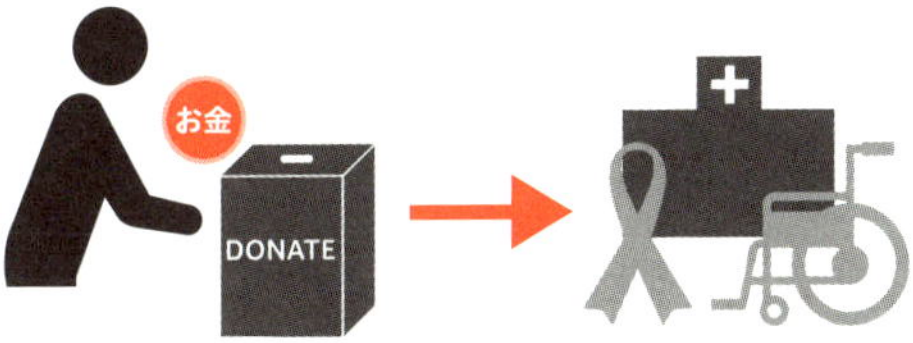

ステップ5

お金に対する
良い感情を
感じる

粗末にされるか、されないかは自己重要感で決まる

それではさらに、「ちっぽけな自分」という貧乏の箱から出るためのワークをしていきましょう。

やることはシンプルです。

それは、「**自分で自覚しながら、自分の才能を使うこと**」です。

たとえば、「人に優しくできる才能がある」とします。すると、悲しい顔をしている人を見た時、「大丈夫かな」と思える気持ちがあったり、「大変だったね」とさりげなく声をかけられる……そんな、自然な心遣いができます。

その場合は、「あ、私は他人よりも優しいんだな」「これは私が普通にできる才能なんだ」と自覚しながら、人に優しい言葉をかけてみます。

そして、**優しい言葉をかけた後に、「あ、私はまた優しくできてよかった」というように、「できた自分」を感じてみます。**

この時、「対価」は考えなくて大丈夫です。けれど、「やってあげた」ということは自覚してみてください。そしてさらに、「ありがとう」などと感謝されたら、それはどんどん受け取っていきましょう。

実は、それをやればやるほど、あなたの潜在意識には、**「私は有能である＝できる人間なんだ」という自覚が生まれます**。これを「**自己重要感**」と言います。

「私はこんなにできる人だったんだ！」と思えることで、今まで小さく思っていた自分のセルフイメージが変わっていくんですね。

そうすると、今までの「粗末にされて」「どうでもよくて」「無視されて」「世界の片隅でありきたりな仕事をして」といった無価値感が消えていくのです。

自己重要感があると、どうなるでしょうか？

今まで「私は価値がない、何もない人間なんだ」と思いながらやっていたすべてのことに、「自分の価値」が乗るようになります。

つまり**何をしていても、価値のある自分として人と関わったり、仕事ができるようになる**のです。

価値がない人が何をしても、「したこと」に価値は乗りません。0に0をかけても、何も生まれません。

しかし、「私は価値がある」と思えている人がちょっとしたことをしても、それは「価値ある行動」として、他人から評価されるようになるのです。

「どんなことをしたか？」が大切なのではなく、「私がどんな状態でしたか？」が大切なんですね。

たとえば、私のある講座の受講生の方は、今まで人に優しく接してきました。でも、「私はどうせ」という気持ちがあったため、優しさを利用されたり、たいして感謝されなかったり、なぜか余計に罵倒《ばとう》されたり……こんな悲しいことが起きていました。

しかし、「私はできる人なんだ」と自己重要感を認識していった結果、道で誰かに優しく案内してあげればとても感謝され、会社でもちょっとした仕事なのに上司から褒められる、ついには「あなたがいると職場が明るくなる」と言われ、昇給までしたのです。

同じことをしていても、粗末にされる人、されない人。

その差は、この自己重要感＝「私はできる、価値ある存在なんだ」という潜在意識が鍵だったのです。

周りから刷り込まれたイメージを変える

あなたが箱の中に入ってしまった原因は、自分自身ではなく、周りの人がそうさせたのだと第1章で述べました。これはお金のイメージについても同様です。

たとえば、あなたの周囲にこんな人はいませんでしたか？

女の人をお金で釣ろうとするお金がある男性。そして、そのお金目当てに寄ってくる派手な女性。

あなたの父親・母親がそういう人ではなかったとしても、テレビなどではこういう芸能人カップルを見たことがあるかもしれません。そして、こういったカップルを、「あの女はお金目当てなのよ、最悪ね」と、あなたの周りの人が悪口を言っていたりします。

すると、私たちは、「こういう関係性は最悪なんだ」「お金はこんなに最悪なものなんだ」ということを学んでしまうのです。そこで、**お金のイメージに悪い感情が刷り込まれます**。

お金で若い女性を釣ろうとした男性への嫌悪。お金がある人に媚《こ》びて、若さや美貌《びぼう》を売りにして擦り寄っていく女性への嫌悪。

本当に本当に、お金って最悪！

こうしてすっかり、あなたの中に**お金＝悪という潜在意識ができあがった**のです。

私たちの行動は感情に引っ張られるので、お金を見るたびに、

「ああ、もう最悪な気持ち」

「どうせお金で美貌を買うんでしょ」

「愛なんて存在しないよね」

「はあ、もう汚い世の中！」

と無意識に思うようになるのです。

そしてさらに怖いのが、お金に対する悪い感情を刷り込まれ、嫌悪するだけではなく、**「ほら、こんなにお金って汚いものなのよ！」と母親から言われた場合**です。

幼い頃に接する母親は、一番近くて影響力が大きい存在です。その母親からお金に対する感情を刷り込まれたとしたら、「お金は本当は綺麗なものよ」と誰かに教えられたとしても、「えっ、でもうちのお母さんが、お金は女性を変える最悪なものだっ

て言ってた。だから私はお母さんに同意する」と、お金を嫌う母親を裏切らないために、**「お金は汚いもの」というポリシーを貫くようになります**。

つまり、あなたは貧乏の箱の中に入りたかったのではなく、お金に対してネガティブな思いを抱いている人たちに嫌われないために、その人たちから愛されて肯定されるために、わざわざその人たちの入っている箱の中に、無理矢理自分を閉じ込めていたのです。


私はお金が嫌いなの。だから、私が嫌いなお金をあなたも嫌いになって。

うん、分かった。私はお金が嫌いなあなたが好きだから、一緒になってお金を否定するね。

私はあなたと同じように貧乏だから、愛してね。

私はあなたと同じようにそんなにお金をもらわないから、嫌わないでね。

このように、**周囲の人に嫌われないために、「お金は汚いものだから、貧乏で、価値がない方が優れている」という狭い箱の中に入ってしまう**のです。

それ、そろそろやめたいですよね。

周囲の人と同じネガティブな箱の中に入って、ネガティブな雰囲気の中で、お互いの無価値を認め合い、「あなたも私も価値がないよね」と足を引っ張り合う……。こんな人生だとしたら、せっかく生まれてきたのにもったいないことです。

お金とは、命。あなたの命そのもの。

だから、「私は貧乏であっていい＝価値のないまま、粗末にされたまま生きていていい」なんて、これ以上言ってはいけないのです。

そんな悲しい決断は、もう絶対にしないと、ここで約束してください。

その上で、周りの人たちを大切に思うのであれば、**あなたが自分の価値を見出し、相手のことも箱から出してあげて、箱の外でみんなで幸せになればいい**のです。

あなたが箱の外に出たら、まだ箱の中にいる人たちは、最初はびっくりすることでしょう。けれど、「どうしてそうなったの？　私にも教えて」と尋ねてくれる人もいるかもしれません。

箱の中の人に合わせることもできますが、あなたが箱の外に出て、中の人たちを連れ出してあげることもできるのです。

あなたは箱の中にいつまでもいる必要はありません。今すぐに出ていいのです。

子供時代に受け入れた貧乏パターンから脱け出す

先ほどの母親の例のように、子供の頃の経験は潜在意識に多大な影響を与えます。潜在意識は「子供時代に与えられ、いつの間にか慣れてしまったこと」を自動的に受け入れてしまっていることが多いのです。

そこで、子供時代に潜在意識へ与えられた悪い影響をリセットするワークを行ってみましょう。

ステップ 1

あなたがどんなふうに貧乏を受け入れているのか。まずは、あなたの考え方の中で当てはまるものにチェックしてみてください。

□うん、私は大丈夫。我慢できるから

□いいよ、私よりもあの人のことを優先して。あの人できてないから

□そんな、私なんてそんなに良いこと言ってもらえる人間じゃないから

□ほらね、どうせ独りぼっち。ほらね、どうせかまってくれない。やっぱりね

□ああ、またかあ……でも我慢しなきゃね

□大丈夫、自分でやるよ

□やってもらえなくても、私は特別な人じゃないから平気

□ありがとうって言ってもらえなかったけど、そんなものでしょ

□わがままは言ってはいけない、だから言わない。羨《うらや》ましくても

□私には最初から幸せな愛とか訪れないよなあ……

ステップ 2

チェックできたら、「それらになぜ慣れさせられてしまったのか」「どこで自分がそのように教育されてしまったのか」を書き出してみましょう。

ステップ 3

そして、「何一つ諦めなくてよかった人生」を思い描き、今度はその諦めなかった人生のシナリオを書き出してみましょう。

求めなければ、制限という箱ができて、幸せにリミットができます。

我慢していれば、最初から貧乏を受け入れ、継続することになります。

だからこそ、その自分を「もういいんだよ」と許し、「本当はどんなふうに生きていきたいの？」と問いかけ、制限を外してあげるのです。

これが、あなたを、制限のない、豊かな世界へと運んであげる一歩になります。

「恐怖の箱・トラウマの箱」から脱け出す

私たちが自由に「今」を生きられない時、その瞬間、リアルタイムで「今の自分が生きられない原因となっている過去の幻想」が、自分を取り巻いています。

つまり、**あなたの恐怖の箱・トラウマの箱は、今、その原因を与えた人が目の前にいなかったとしても、ずっとずっと心の中に残ってしまう**のです。

本当なら、その人からもう離れて、箱から出て、自由になってもいいのです。けれど自由になれないのは、「まだ、心のどこかでその人が怖いから」なんです。

ステップ 1

まずは、あなたがやりたい、こうしたいな等、希望に満ちあふれていたり、幸せを感じたりする時に、それを否定する「頭の中の人」の声を書き出してください。あるいは、何もしていないあなたに対して何かを言ってくる人でも大丈夫です。

ステップ2

その人たちは、あなたに対して、「何をどうしなければ、怖いことが起きる」と脅しているのか書き出してみましょう。

ステップ3

今のあなたの周囲を、その人たちが囲んでいます。あるいは、あなたの背後からずっと見ています。その恐ろしい感覚を覚えていきましょう。「怖い」と思ってしまって大丈夫です。

ステップ4

ゆっくりと深呼吸しながら、「私は本当はこうしたい」ということを、目を開けながらその人たちに伝えてみてください。そして、今、目の前にその人たちがいないことを確認しましょう。

ステップ5

その人たちの脅しは幻想でした。その人たちに縛られずに、自分にどんなことをさせてあげたいですか？ 書き出してみましょう。

このワークが終わる頃には、もうあなたの恐怖の箱は取り除かれているはずです。

恐怖の箱・トラウマの箱から脱け出す

ステップ 1

希望・幸せを否定する
「頭の中の人」の声を
書き出す

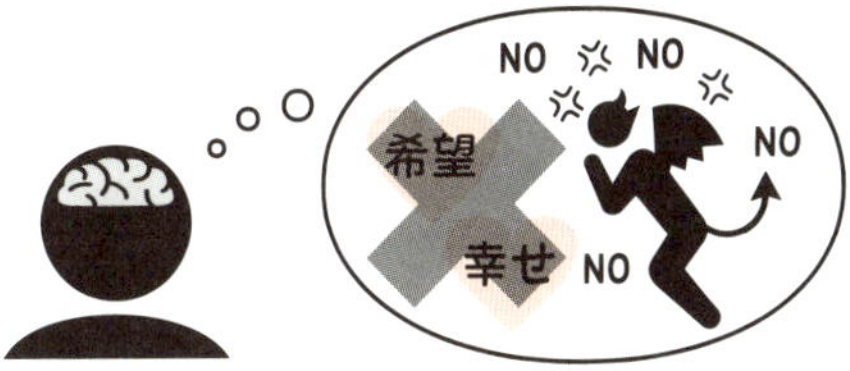

ステップ 2

「頭の中の人」が
何をどう脅しているかを
書き出してみる

ステップ 3

周囲や背後から
自分を見ている
「頭の中の人」を怖いと
感じる

ステップ 4

深呼吸して
「私は本当はこうしたい」
と伝える

↓

すでに「頭の中の人」はいない

ステップ 5

縛られずに自分に
どんなことをさせたいか
書き出してみる

「箱」に入り続けていた過去の自分を自由にする

ここまでで、あなたは少しずつ「貧乏の箱」から脱け出し、自分を自由にし始めていますね。とても素晴らしいことです！　ただ、もっともっと自由になるためには、今の自分だけではなく、**「その箱に入り続けてきた、過去の自分」のことも自由にしてあげる必要**があります。

ステップ1

ここで、過去の自分が否定された経験を思い出してみましょう。

たとえば幼稚園時代、小学校時代、どんな時の自分でもかまいません。その時の小さな自分が、「あなたはダメな人間だ」と言われた、あるいは「こうしなさい」「こうすべきだ」「これはやっちゃダメ」などと言われた瞬間を思い浮かべてみましょう。

そして、自分と同じ経験をしてきた小さな子が、今、目の前にいるとします。

その子はしぶしぶ、貧乏の箱の中に入ります。怒られ、こうしなければと言われたからこそ、言うことを聞こうと思ったのです。とても素直で純粋な子だったんですね。泣いたり、怖がったりしながらも、ちゃんと箱の中に入ろうとしている様子をイメージしてみます。

ステップ２ **その子に、「入らなくていいよ」と伝えてみてください。**

そして、その子がその箱に入らなかったらどんなに素敵な子だったか……今、あなたの目の前で、その子を自由にしてあげましょう。

ステップ３ **その子が箱に入らず、自由に生きているところを想像してみてください。**

その子は箱に入らなければ、どんな子でしたか？　綺麗なものが好きで、自分のやりたいことがあって……絵が得意だったり、人一倍優しかったり、素敵なところがたくさんあります。

ステップ4 **そして、その子がそのままあなたの年齢になった時、どんなに素敵な大人になっているかを充分イメージしましょう。**

10歳になり、15歳になり、20歳になり、どんどん自由に、ありのままの個性を伸ばしながら、大人になっていきます。

あなたが想像したその子が、本当のあなたです。あなたはこんなに素敵な人で、こんなに才能を持っていたんです。その自分をあなたの心の中に戻していきましょう。力が湧き上がってきます。この価値ある自分が、本当のあなたなのです。

「箱」を勧めてきた人も自由にする方法

私たちが入ってしまっている貧乏の箱は、両親や周囲の人などから入るように勧められたものだと先ほど述べました。そして、その貧乏の箱は、自分に対する制限や、レッテルや、劣等感や、義務でできていました。今は、その箱から自分を自由にしてあげようと、この本を読みながらとてもがんばっていると思います。

しかし、この箱に入っている自分を本当に自由にしてあげるためには、**「その箱を勧めた人」のことも自由にしてあげることが大切**です。

ここで多くの人が、箱を勧めた人を自由にするために、「自分が何とかがんばって、相手を自由にするぞ！」と、お金をあげてしまったり、相手を苦労から救ってあげようとしたりするので、箱の中でさらに苦労してしまいます。

ここで大切なのは、**本当の自由とは「箱の中の相手を助ける」のではなく、「箱から出ていいんだよ」と、温かく教えてあげること**。

もしも相手が、箱から出ることができたら、あなたもまた、箱に入っている人に対して罪悪感や義務感を抱いたりせず、一緒に自由になることができます。

ステップ 1

まずは、あなたに対して「この箱に入りなさい」と強制した、その人たちのことを思い浮かべてみてください。

思い浮かべることができたら、その人たちもまた、「箱に入りなさい」と誰かから言われたんだという、**「その人たちの箱の背景」を想像してみましょう。**

あなたに強制した人も、誰かから強制されて、箱の中に入っています。そうするしかなかったのです。だからこそ、その人も、「こういう箱に入るべきなんだ」と思いながら、生きてきました。

でももう、あなたは、その箱に入らなくていいことを知っています。目の前で箱に入っている、あなたの両親や、学校の先生や、年上の人たちや、社会の人たちが、そんなことをしなくていいことを分かっています。

ステップ 2

「その箱に入らなくていい」ということを、イメージの中で教えてあげてください。

私たちの潜在意識はつながっていますから、イメージの中で伝えるだけで充分、あなたの気持ちは伝わります。

「あなたはもっと価値があるし」「あなたはもっと社会に貢献できるし」「あなたのしていることは素晴らしいし」「あなたの存在は小さくないし」ということをイメージの中で伝えてみましょう。

そして、その人たちが箱から出て、喜びや自由を感じているところを想像します。

こうして、あなたを箱に入れた人たちのことまで、潜在意識で自由にすることができると、私たちは、「私だけが」と罪悪感を覚えることなく、自由になることができるようになります。

「嫉妬」は素直に憧れに変える

お金を持っている人が羨ましい。

なんであの人ばっかり金持ちなの⁉

ついこんなふうに嫉妬《しっと》してしまうことってありますよね。でも、人間だからこそ、こうした気持ちをふと感じてしまっても仕方のないことです。

けれど、大切なのはここから。

嫉妬を感じて、嫉妬を感じっぱなしにしていると、私たちの潜在意識が「貧乏」で定着してしまいます。

その理由は、嫉妬をした瞬間、私たちの中には相手への拒絶の気持ちが生まれるからです。「あの人だけあんなことして！ 許せない」という気持ちです。

ここで大切なのは、**「許せない」ということを感じている時、私たちは自分に対しても「許さない」という命令をしている**んです。

つまり、「あの人」に対する拒絶だけではなく、「あの人がしていること」に対しても、拒絶することになってしまうんですね。

嫉妬がいけないというのは、ここなんです。人間性が低いとかそういうことが問題なのではなく、「**嫉妬することで、自分の可能性までも潜在意識が拒絶してしまう**」

ことが問題なのです。

嫉妬は、全部の情報を拒絶してしまっている。だから潜在意識にも変化が起きない。だから現実化もしない、ということです。


嫉妬してしまうということは、それだけ「嫉妬せざるをえないような、あらゆることを禁止された不幸の箱の中で育ってきたから」です。

あれもできない、これもできない。あれもダメ。これもダメ。

こんな環境にいさせられたら、自由に振る舞い、色々なことを手に入れている人が羨ましくなっても仕方ありません。だから、自分を責めなくて大丈夫なんですね。


でも、嫉妬することで自分の可能性が拒絶されてしまうのであれば、それはやめた方がいいですよね。

これを覆す簡単な方法があります。それは、**嫉妬を素直に憧《あこが》れに変えること**。

「羨ましい！　許せない！」と思った瞬間に、「いいな、私もああなりたいな」と思い直してみます。そしてさらに、「もしそうなったらどんなに素敵だろう！」とイメージしてみてください。

こうすることで、「そうなった未来」と、自分の潜在意識の回路がしっかりつながります。**イメージしたことは、潜在意識にインプットされ、その時の喜びの感情や感覚、エネルギーまでも、しっかりと潜在意識に残ります**。すると、このエネルギーがベースとなり、現実化していくのです。

同時に、嫉妬した時に、「ああ、自由にしている人がいる一方で、私はそれが許されない箱の中に入れられていたんだな」と気づき、自分に対して慰めたり、同情してあげることも大事にしましょう。

箱の中は、狭くて苦しかったですよね。

でも、もう大丈夫。箱から出て、自由な世界で生きていきましょう。

お金に対する執着から逃れる

自分自身が豊かにならなければならない、と自分にプレッシャーをかけていると、それが心の負担になり、いつも焦り、いつも落ち込み、いつも嫉妬するというネガティブなサイクルに入ってしまいます。この執着を少なくし、ゼロベースで豊かさとつきあっていく基礎を作っていきましょう。

そもそも、**豊かになりたいと思う時の「豊かさ」とは、必要なものではなく、「プラスアルファ」の価値観である**、と考える必要があります。

お金は、生きるための手段であるということが大前提です。そこに、パーティーを繰り広げる派手な生活とか、南の島で遊ぶように働くノマド生活！　というようなものをくっつけすぎるから、本質を見失ってしまうんですね。

けれど、単に生きるための手段としてなら、どれくらい必要になるでしょうか？

〈ひと月の支出〉

食費　2万円（つきあいの飲み会代込み）
光熱費　6千円
家賃　6万5千円
交通費　1万円
携帯の通信費　1万5千円
服代　1万円
諸々……

さらに、**生きるために最低限必要な分だけ、書き出してみましょう**。特に、住む家に関しては、安い家賃のところを探してみてください。

調べてみると、「この地域で一番安い家賃は4万円」など、もっと下げられるはずです。飲み会もやめて、自炊にすれば、食費と光熱費と家賃は、合計で6万円ほどになるかもしれません。

実は、最低限生きるだけなら、その程度しか必要ないんです。人によっては、もっともっと減らせるかもしれないですね。

豊かになりたいと思うあまりに、贅沢《ぜいたく》に目を向けているから、気持ちがブレます。**必要最低限でよいなら、自分にはこれしかかからない。そう思うと、必要以上の焦りや不安は消えていく**ことでしょう。稼がなきゃ、という焦りも……。

大事なことは、ここです。

すでに自分は最低限のことは充分にできている立派な人間だということなんですね。

稼げない、豊かさを多く手に入れられない。だから、私はダメな、劣っている人間なんだ。

それはプラスアルファのことを考えてしまっているからで、実際は、すでに自分のことを満たせている、立派な人間なのです。

そんなこと、思いも寄らなかったかもしれませんね。この人間の世界では、贅沢ができる人が立派で、大きなことができる人がすごいって思われているからです。
けれど、**あなたは本当はちゃんとしている。それが、あなたの真実**なのです。
そして、現状でも生きられるのに、それ以外のことを足そうとするから、苦しい。
しかも、それ以外のことに気を取られているから、焦る。
けれど、それ以外のことは、全部「おまけ」だと思ったらどうなるでしょうか？
おまけだと思うと、まあどちらでもいいのかな、と焦りが消えていくと思います。
これが執着を手放すということです。
簡単ですよね。

「贅沢を必要としない意識」は、とても楽なものでしょう。しかも「おまけ」が欲しいだけなら、必死になる必要もありません。
こうやって、自分を「貧乏だ」と責めて、「私はお金がない最低な人間なんだ」と思う箱からあえて出ることが、大切です。

お金に対する執着から逃れるには

生きるために
最低限必要なものだけ
書き出してみる

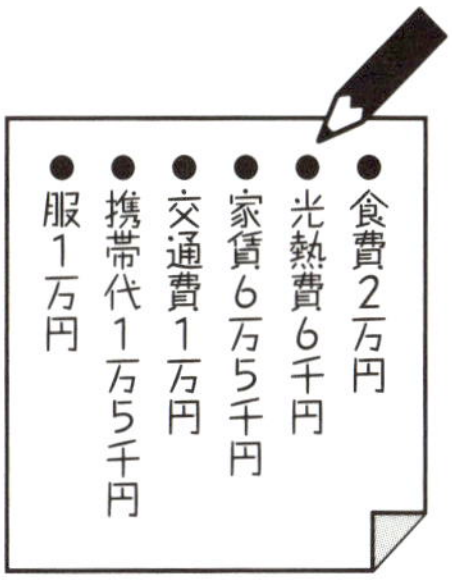

↓

最低限のことは充分にできている
立派な人間だと分かる

↓

最低限以上はすべて
「おまけ」であって、
焦って足すものではないと
考える

↓

執着がなくなる

「足りている」＋「贅沢」を手にしていることに気付く

先ほど、必要最低限以外のものは全部「おまけ」と思うことによって、執着から逃れる方法を紹介しました。執着を手放し、焦りがなくなったら、今度は少しずつ「プラスアルファ」を受け取ってみましょう。

ステップ1

まずは、自分の身の回りにあるもので、「必要最低限」のものをピックアップしてみてください。

「仕事をするためのパソコン」「携帯電話」「下着」「化粧水とクリーム」「部屋着」「スーツ」「洗剤」「石けん」「水道」「風呂」「壁」「冷房」「床」「ドア」などです。

ステップ 2

そして、それらを見て、「私はすでに足りている（持っている）」と言ってみましょう。

すでに生きられているし、最低限ならこれだけでいいし、これ以外のものがなくても、私は生きていくことができるということを実感してみてください。

ステップ 3

それ以外の、「本当ならなくても大丈夫」なものをピックアップしてみてください。「アクセサリー」「テレビ」「ぬいぐるみ」「綺麗なデート服」「時計」などです。

ステップ 4

それらを見て、「私は豊かさをすでに持っている」と言ってみましょう。

すでに、**生きるために必要なもの以外のものを私たちは持っています**。それは娯楽であったり、贅沢であったり、より喜びや楽しさを生むものです。それらをすでに手にしていることを認めてみてください。

ステップ5 **あなたの今の状況は、「足りている」+「贅沢」であることを自覚してみましょう。**

あなたはすでに、自分が必要なものは持っています。だから、これ以外は、実際は得なくてもいい。けれど、プラスアルファ、より豊かで楽しく生きたいから、これ以外のものを手にできたら素敵だなと思っている、ということを再確認してください。

「贅沢」を望めば、いくらでも望めてしまいます。けれど、「最低限」を考えられるようになると、**ほとんどのことが「プラスアルファ」であり、焦って何かを手に入れなければならないものではない**、ということが分かると思います。

こうして「しなければ」と駆り立てられることがなくなった時、自分の内側のエネルギー(感情)が変わり、余裕を持って豊かさを手に入れる土台を作ることができます。

豊かさを受け取るとは、豊かな感受性を感じられること

自分が最低限の費用で生きることができると分かり、すでに「贅沢」を手にしていることにも気がつきましたか？

そこまで考えられるようになったら、「最低限以外のこと」を日常において「無料」「安価」で実際に受け取ってみましょう。

たとえば、ホテルのラウンジ。お茶をするとお金がかかりますが、そこに行って柔らかいソファでくつろぐだけなら、お金はかかりません。ホテルの庭園もそうです。ゆっくり歩くことができ、春夏秋冬、さまざまな花を楽しむこともできます。

水族館に行くことが大変なら、インターネットの動画で水族館の映像を見てもいいですね。ゆったりと泳いでいるジンベイザメや、美しい熱帯魚たち……こうした美し

い生き物を、私たちは通信費・電気代だけで眺めることができます。

デパートに行っても同じです。

「買えない！」と自分を惨めに思うのではなく、「こんな素敵なものがたくさんある。これを自由に見て楽しんでいいんだ！」と、美しいファッションや化粧品、美味しそうなケーキなどを眺めて楽しんでみましょう。

得て満足することばかりを考えてハードルを上げていると、**「今、さまざまなことを無料で楽しむことができる」その瞬間を見逃してしまう**のです。

私も過去、こうした豊かさを「どうせ得られない」と思って、すねて、見ないようにしながら、否定していました。けれど、どうしても「綺麗」「ああいうのいいな」という気持ちをぬぐえなかったのです。

そこで、こうした憧れの気持ちを認めることにしました。そして、デパートに行って、さまざまなファッションや化粧品を試して楽しんだり、ケーキを見たり……そうしているうちに、それらが「手が届かないものではない」のだと認識するようになったのです。

ケーキなら、５００円。化粧品なら、安いものなら2千円のものもありました。

「私はこれを買うことができる」

「でも、買わずにこうして楽しむこともできる」

その心の自由を得られた時、「どうせ買えない、私は貧乏でこんな世界とは縁がない」という箱から出ることができたのです。

ホテルのラウンジも同じです。

「そこに行ってもいい」「そこで空気を楽しんだり、優雅にくつろいでいても怒られない」のです。

そこで私は、電車で近くまで行くことがあると、必ずホテルに寄って、くつろぐことにしました。美しい日本庭園の桜や、柔らかいふかふかの絨毯《じゅうたん》。そうした場所でくつろぐという願いが、無料で叶《かな》ったのです。

私が否定していただけだったんですね。

このように、豊かさは無料で受け取ることもできます。
そして、**豊かさを受け取るとは、ものを買うということではなく、豊かな感受性を持つことができるその瞬間**だったのです。

そう気づいた時、私の中で、あらゆる美しいものや、素晴らしい施設を、どんどん無料で楽しめるようになりました。中にはお金を払うものもありましたが、千円、2千円といった金額で楽しむことができました。

自分が貧乏で、不自由で、何も得られない、豊かさから隔絶された人間だというコンプレックスから抜け出せたのです。すると、その感覚は自分の心に余裕と笑顔と、美しい桜のような優雅な気持ちを生んでくれました。

その結果、お金があって生活に余裕がある世界に住む人と関われるようになり、一緒にお仕事をさせていただくことになったり、一緒にお食事に行くようになったりといった、「豊かな縁」が生まれたのです。

メンタルブロックを外し、際限なく豊かさを受け取る

私たちの心には、「**メンタルブロック**」と呼ばれるものがあります。
文字どおり、心の制限です。実は、このメンタルブロックは、私たちが豊かさを受け取れない原因になっています。

ぐんぐんお金持ちになる人は、豊かさに対する制限もありませんし、アイデアへの制限、自分の価値を感じることに対しても制限がありません。
だからこそ、やりたいことにチャレンジし、大切にしてくれる人と関わり、褒められ、この世界にある豊かさをどんどん受け取っていきます。

でもこれは、「**自分の価値と、豊かさを結びつけるのが上手**」だからできることなんです。

上手に結びつけるための方法は、2つあります。

1つ目は、「**今、自分が価値あることをしたり、自分の価値を見つけたりしたら、その価値をすぐに世界の価値と結びつけること**」です。

たとえば、友達とインテリアを見ていて、「このインテリアは観葉植物と組み合わせたら素敵だね」と言ったら、「素敵！　〇〇ちゃんて、センス良くてすごいね！」と褒められたとします。こういう会話は、日常生活の中によくありますよね。

でも、「ありがとう」と受け取ってそこで終えることなく、さらに「なるほど、私のセンスは、色々なことに活かせるんだ！」と、「アイデンティティ＝豊かさの源」として受け取るのです。部屋のレイアウトだけではなく、職場のレイアウトを考えたり、自分で家具をデザインすることもできるかもしれません。

私自身も、ある心理学の先生から「君は問題を見抜くのが上手だね」と言われ、それが自分のアイデンティティだと気づき、その一言を軸にしてお仕事をさせていただくようになりました。

このように、**「他人が気づいてくれた価値＝たった一言」を、自分の大事な価値として、大切に大切に育てていく**のです。すると、それがやがて、「私はこれができる」という花として育っていきます。

2つ目は、「**過去の自分の価値の集大成を、豊かさに変える**」という方法です。

たとえば、この本でも、過去を思い出して貧乏の箱から自分を救う……ということをしてきました。

けれど、私たちは辛いことと同様に、価値あることもたくさんしてきています。

他人のために、尽くしてがんばって、その人に少しでも楽をさせようと必死で働いてきたこと。

よかれと思って気遣い、相手をケアし、もてなそうとしてきたこと。

いつも周囲が少しでも気持ちよく働けるように、見えないところで配慮していたり、家族やパートナーに対しても、心を込めて料理し、自分の辛さや苦しみをさしおいて、相手の幸せを願ってきたりしたかもしれません。
誠実に働いてきた。会社のために尽くしてきた。周囲の人がさぼっていても、自分はさぼらずに必死でやるべきこと以上のことをやってきた。

「相手がどう感じるか、反応したか」ではなく、「自分がどうしてきたか」、を感じて、自分のしたことの価値を再認識してあげるのです。

すると、「本当は、もっと評価されてよかった自分」に気づけると思います。

本当はもっと感謝されてよかったし、本当はもっと評価されてよかった。本当はもっと大切にされてよかったし、本当はもっと見返りをもらってよかった。

こうして、

「本当はもっともっと、こうされてよかった！」

と腑《ふ》に落ちると、それがあなたの潜在意識に、あなたの価値としてしっかりと焼き付いていきます。

こうして、「本当はもっと！」と自然に思えるようになることで、その「本当はもっとこうされてよかった」が、やがて現実になっていくのです。

派遣社員のSさんは、それまで横領などがあるようなブラックな職場で働かざるをえませんでした。何度転職しても、酷い職場にばかり派遣されていました。しかし、この「本当はもっと！」を自覚できたとたん、自分がブラックな職場にふさわしい人間だと思えなくなったのです。

「本当はもっといい職場に勤めていいはずの人間だ」と自覚できたのですね。

この自覚をしてから5日後、転職活動をしてすぐに、Sさんは持っていた資格を活かし、経験がないにもかかわらず、デザイナーとして最高の職場に転職することができました。

「本当はもっと評価されてよかった私」が、現実になったのです。

こうして、過去を思い出しながら「本当はもっと！」を、どんどん自覚していってください。

相手の評価は、相手の感情や価値観に左右されます。

でも、**あなたの潜在意識は、あなたのしてきた事実を知っている**。

事実はまぎれもない事実であり、誰も変えることができません。だから根拠としてこれ以上なく強いのです！

あなたの「本当はもっと！」をたくさん見つけ、思い出してあげてください。

それは、あなた自身にしかできない作業なのですから。

「偽の良い人の箱」から脱け出す

優しくて純粋な人ほど苦手なのが、「軽蔑」や「人を嫌うこと」。

でも、人を正しく軽蔑できたり、人を正しく嫌ったりしないと、豊かさは手に入りません。なぜなら、豊かさとは、「あの人と私は違う！」という誇り＝自己重要感から生まれるからです。ここでは、嫌いな人と自分をうまく区別し、自己肯定感を高めるワークを紹介します。

ステップ 1

まずは、あなたが本当は嫌い、苦手だな、と思う人のことを思い浮かべてみてください。

そして、なぜその人のことが嫌いなのか、しっかりと考えてみましょう。
「その人は、私と違って、子供を虐待するから嫌いです」
「その人は、私と違って、約束を破るから苦手です」
こんなふうに思えたら、実はそれは正解です。あなたはその人とは違い、「自分はそれをしない」。つまり、自分はもっと誠実で、優しくて、社会や人を喜ばせることができる人だからです。

ステップ 2

こうして「自分と相手の違い」を認識することができたら、それを教えてくれた嫌いな相手に、「私の素晴らしさを教えてくれてありがとう、さようなら」と心の中で伝えてみましょう。

ステップ
3

そして、「その嫌いな人」とは違い、あなたができること、ちゃんとやっていることを、誇りを持って行うように心がけてみてください。

こうすることで、あなたは、より自分を信じて堂々と行動できるようになります。その人を嫌ってはいけないという**「偽の良い人の箱」の中に入っていると、その人とは違う、自分の輝かしい個性までも否定してしまうことになります**。

けれど、こうして「区別」することができれば、「私は私」として、自己肯定しながら生きることができますね。この自己認識が個性となり、「あなたは素晴らしい」と言ってくれる人との縁・仕事との縁を引き寄せてくれるのです。

夫の給料を150万円UPさせる方法

もしも今、あなたが主婦で、実際に働いていないとしたら、「お金を得るためには働かなければならないの？」と焦ってしまうかもしれません。

でも実はそうではないんですね。

なぜかというと、主婦であるあなたも、立派にお金に影響力があるからです。

それは、**夫婦として「働いているパートナーを支える」という経済効果**です。


社会に接していれば接しているほど、そこには社会の厳しいルールがあり、苦しいジャッジがあり、会社に行けば行くほど、嫌な気分にならざるをえないこともあります。会社という箱の中に自分をぎゅっとつめなければならない……。でも、それはやはり苦しいことです。

けれど、家庭という箱がもし、とても温かく自由な箱であれば、帰ってきた時にそこでパートナーは生まれ変わることができます。


自分を認めてくれる人がいて、自己否定の箱から出ることができる。

自分を温かく評価してくれる人がいて、「どうせ」という箱から出ることができる。

自分を否定せず、認めてくれて、安心させてくれて、愛情深くて、優しくて、いつも支えてくれて、励ましてくれて……。

すると、**会社がどんな状態であれ、「箱から出た素晴らしい自分」で仕事ができるようになります**。その結果、活き活きと働けるようになることで、昇進したり、お給料が上がったり……こんな素敵なことが起きていくんですね。

直接、あなたが社会に接していなかったとしても、社会に接している人に接していれば、それが間接的な経済効果になり、素晴らしい豊かさにつながるのです。

クライアントのYさんは、いつも夫を厳しくジャッジしていました。「どうして分かってくれないの?」「私の父親よりもダメな人!」などと面と向かって言っていたのです。けれどそうして厳しくすればするほど、どんどん夫は元気がなくなり、会社をやめたいとまで言い出すようになったのです。

しかし、彼女は懸命に働く夫を、さらに狭い箱に入れてしまっていたことに気づいた時、号泣して彼に謝りました。Yさんは、やっと彼のことを箱から出してあげられたのです。

すると、次の日から、まるで別人のように彼が活き活きとしだし、Ｙさんの料理も普段と同じなのに、褒めてくれるようになりました。そして、会社をやめる＝逃げるのではなく、上司と話し合って現状を改善していくことを決意したのです。

その結果、なんと栄転が決まり、１５０万円もお給料がアップすることになりました。Ｙさんが謝ってからお給料アップまで、たった1週間の出来事です。

たかが主婦、ではないんですね。

厳しい社会という箱の中で生きる夫にとって、主婦としてのパートナーは、箱から出して自分を自由にしてくれる最後の砦であり、希望そのものです。

あなたを愛しているから、箱から出てほしい。

あなたは愛する人を箱から出してあげ、自由にしてあげ、貧乏の箱からも解放してあげられる力を持っているのです。

第2章まとめ

- 誤った潜在意識を変え、貧乏の箱から脱出するには、まずお金に対するネガティブなイメージ、感情を変える。

- お金に対するネガティブなイメージは、実は悪いお金の使い方をする人に対する嫌悪。

- 「豊かさ」とは、必要なものではなく、「プラスアルファ」の価値観。必要最低限以外のものはすべて「おまけ」と考える。

- メンタルブロックを外すには、自分の価値を世界の価値と結びつけること。そして、過去の自分の価値の集大成を豊かさに変えること。

お金の流れを良くする

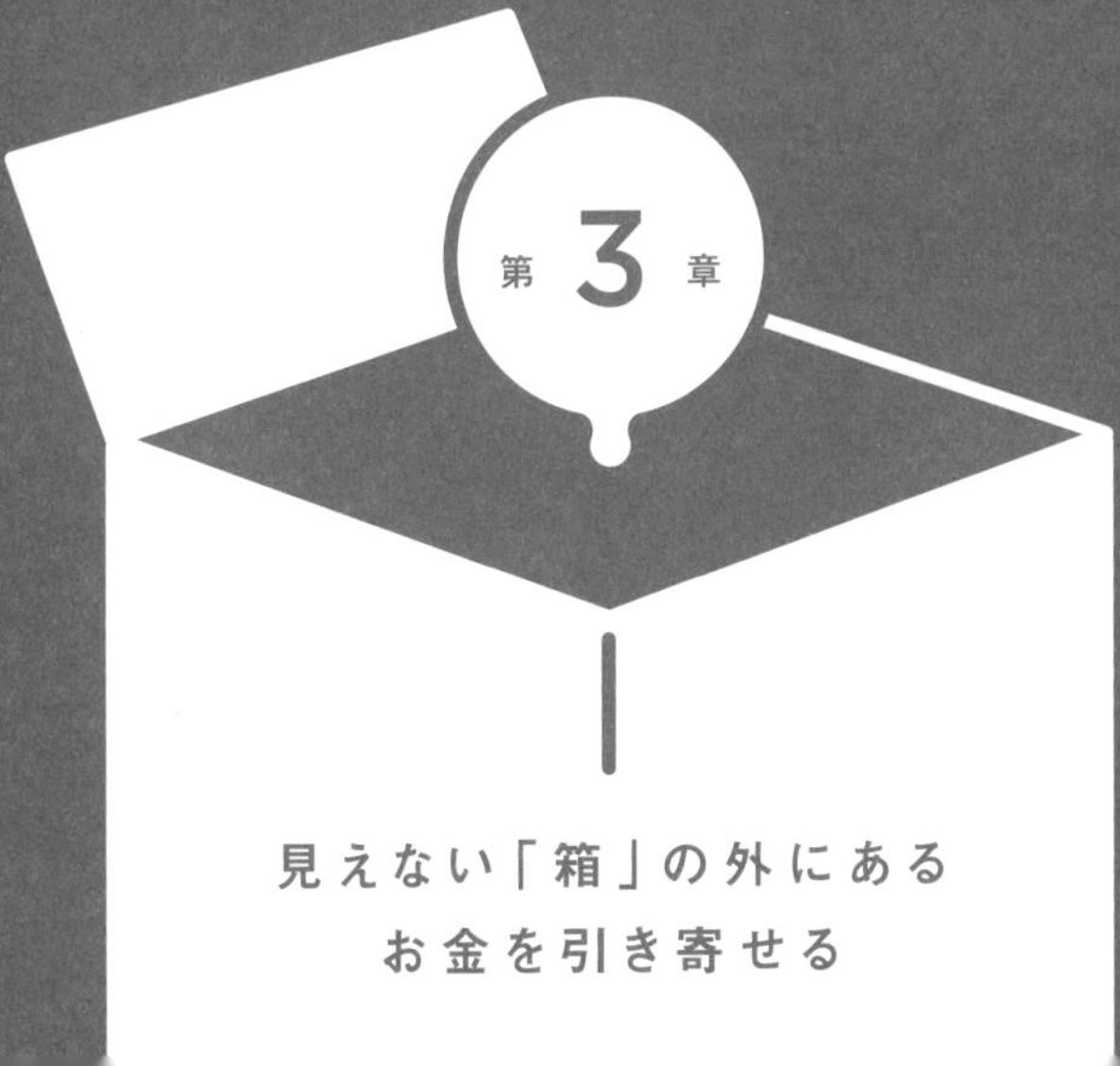

第3章

見えない「箱」の外にある
お金を引き寄せる

お金の本質はポジティブな気持ちのやり取り

ここまでで、見えない箱の存在に気づき、自尊心を高め、箱から脱出する方法をご説明してきました。第3章では、潜在意識を変えることができた「箱」の外の世界でお金の流れを引き寄せる方法をお伝えしていきます。

まず、お金の本質について考えてみましょう。

お金はどんなものに使われているのか？　というお金の循環についてです。

お金がどう回っているのかを知ることで、私たちは豊かさの流れを人生に取り入れることができます。

私たちは必要なものにお金を払います。食べものや、家や、水道や、電気などですね。これらは、私たちが生きるために必要なものです。これらがあることによって、家で安心して過ごすことができますし、飲み水だって手に入り、洗濯だってできるようになります。

そして次に、私たちは、喜びや感動、嬉しさ、心地よさ、楽しさを感じられるものに、お金を払います。

娯楽といわれるようなスマホゲーム。必要ではないけれど、楽しいからこそお金を払います。化粧品やファッション、アクセサリー。絶対になければならないものではありませんが、あればより美しくなれますから、そこにお金を払い、手に入れようとします。

さらに私たちは、快適さや便利さをより感じられるものに、お金を払います。

たとえば、自分ができないこと。掃除ができない、だから清掃業者さんに来てもらい、お金を払う。パソコンを作ることができない、でも、パソコンがあれば便利だからその便利なツールを作ってくれる人に対して、お金を払う。

新幹線に乗れば、自転車でそこに到達するよりも早く目的地まで着きますし、もっとずっと労力をかけずに、たどり着くことができるでしょう。だから、お金を支払います。

税金だってそうです。日本という国が、実はとても住みやすい国で、世界でも有数の治安の良い国で、高速道路も通っていて、警察のように守ってくれる人がたくさんいて、教育も受けられる国だからこそ、そこに税金という対価が発生するのです。

税金がなければ、日本という国で、他の国に比べて平和に生きることはできないかもしれません。

このように、「便利だと感じられるもの」「安全だと感じられるもの」「楽しいと感じられるもの」「美しいと感じられるもの」「快適だと感じられるもの」など、ポジティブな気持ちを感じられるものに、お金は支払われます。

つまり、私たちは「**ポジティブに感じられるものに、お金を払う性質を持っている**」のです。そしてこれは、**お金の流れの本質は、「ポジティブな気持ちのやり取りである」**と言えるのです。

お金とエネルギーの関係

お金は豊かさのエネルギーです。このエネルギーを手にして、自分自身も豊かさのサイクルの中に入っていきましょう。

エネルギーとは、熱量です。エネルギーとは、感情・思い・行動のことです。やる気や希望、こうしたいという欲求など、心の内側から湧き上がってくる思いのことです。感情もエネルギーですね。

多くの人の喜びを鼓舞するものであれば、その喜びのエネルギーはとても大きいものになります。それゆえに、大きな金額が動きます。たとえばゲームなどはそうですね。娯楽であり、特になくてもいいものですが、**多くの人が「楽しい、面白い」と感じます。だからこそ、動くお金も多くなる**のです。

お金の流れに乗るためには、この**ポジティブなエネルギーの流れに、自分自身が乗ってしまえばいい**のです。

自分自身が自分に対して、ポジティブなイメージや良いエネルギーを抱いている時、「あの人は、才能を信じている」「あの人は、人に貢献できる」「あの人がいるだけで明るい気持ちになれる」「お互いに助け合うことができる」など、他人によりポジティブな気持ちを感じさせることができるわけです。

すると、それに影響された人は、「助けてもらってありがとう」「やってくれてありがとう」「あなたはこんなことができるんだね」「新しい発想が生まれたよ」「このアイデアは人を幸せにするね」と言われるような結果を得ることができます。

その時、あなたから影響を受けた人は、あなたに感謝の気持ちとともに、お礼や報酬として、お金やものを渡してくれるようになるんですね。

分析してみると、「**自分のポジティブな部分が、役に立つことで、他人のポジティ**

ブな結果につながったからこそ、対価が生まれた」という循環が見えてきます。

ポジティブなエネルギーが、ポジティブな結果を引き寄せるということは、こういうことなのです。


こう考えてみると、「お金がない、お金が欲しい」と呪いの言葉のように唱えることが、どんなにお金の流れから離れているか……分かりますよね。

一時的に、あなたのことを可哀想に思ってお金をくれる人がいたとしても、それは決して続くことはありません。

「この人を助けた」という気持ちは、お金を払った人に、ポジティブな気持ちを抱かせます。


けれど、一方的に何かをし続けると、した人はやがて疲れてしまいます。

すると、与えられるという関係性は、そこで終わってしまうのです。

しかも、与えられたお金は、「相手から一方的に奪った」ようなものですから、罪悪感が生まれて、後に失敗したり、うまくいかなくなる……ということまで起きてしまうのです。

お金は手に入れ方が大事、そして、どんなエネルギーの循環が起きているのかが大事なのですね。

時を超えて与えられている豊かさに感謝する

こうして今生きているということは、時間と空間を超えて、本当はすでに、誰かの愛に支えられているということなのです。その思いを受け取り、感謝することで豊かさの本質を受け取りましょう。

ステップ 1

まずは、自分の身の回りのものの背景をすべて考えてみましょう。

たとえば、ペットボトルは、「私が飲み物を気軽に、飲みやすいように、誰かがこの仕組みを必死に考えて、改良して作り出してくれたものです」。

道路は、「私が歩きやすいように、誰かがコンクリートという素材を考え出して、それを大量に作れるようにし、大勢の人が舗装工事をして、その結果、歩きやすくなりました」。

このように、自分の身の回りにあるすべてのものが、「私が便利で、喜びを感じて、快適で、生きやすいように」作られたものです。

ステップ2

すべてのものは、私を喜ばせるための愛だということをイメージしてみましょう。

こうしてイメージしてみると、「ああ、そうだったんだ。私はとても大勢の人の愛に支えられて生きていたのだ」ということが理解できると思います。このように理解し、「ああ、そうだったんだ」と感動することが、豊かさを受け取ることです。

ステップ3

「私はすでに、たくさんの愛に支えられていたんだ」「私はすでに、たくさん与えられていたんだ」ということを受け取れたら、自分の周囲のすべてに感謝してみましょう。

私を喜ばせようと、あらゆることがあったのです。私を生きやすくさせようと、他の人たち……今、この世界に生きている人たちだけではなく、亡くなった人も含めて、その人たちの愛の上に、私は立っています。

この世界に対して、「ありがとう」と伝えてみましょう。

ネガティブな思いをお金に換えられる人、換えられない人

お金を増やそうとする時、復讐してやりたい、見返してやりたいという動機から始めようとする人がいます。

もちろん、モチベーションは人それぞれだと思いますし、「復讐したいという意

欲」には熱量がありますから、一時的には成功します。

けれど、その動機だけで終わってしまい、最終的に望むことが「その人をいじめること」「その人を蹴落とすこと」「その人を馬鹿にすること」になっていたら、それが潜在意識の目的になります。

すると、**その目的が、まるまる自分に返ってくるようになる**のです。

一方で、成功する復讐者とはどんな人でしょうか？

成功する復讐者は、「見返してやりたい」と口では言うものの、「あの人のやり方は誰かを傷つけているから、正したい」「あの人は自分を傷つけたから、その自分のことを肯定してあげたい」と、**潜在意識の目的がポジティブな動機**になっています。

母親を大切にせず泣かせている父親がいて、その父親を正したい！　お母さんを大事にしないやつはダメなんだ！　と怒っている少年がいたとします。

復讐してやりたい！　と思いながらも、少年の根っこには、お母さんへの愛情がありますよね。

そして、実際に、父親が浮気し放題、やりたい放題、酷い態度をし放題で母親を泣かせていたとしたら、非は少年と父親、どちらにあるのか明白です。

このように、**復讐の背景に「どんな本当の気持ちが隠されているのか？」によって、結果が決まってしまう**のです。この少年の例で言うと、お母さんへの愛情を潜在意識の目的としているので、この少年は、必ず豊かさを手に入れるでしょう。

もし失敗したくなければ、**復讐の背景にある自分の動機を、より正しいものに変えていく**といいでしょう。

「復讐したい！」その気持ちで終わるのではなく、「良いことをして見返したい」などに変えていきます。

たとえば、「あいつは私のことを傷つけた！　でも、私はあいつのようには振る舞わず、もっと人に優しくしながら、喜んでもらいながら、社会で成功して見返してやるんだ！」という感じです。

ここでは、確かにあいつのことを恨んでいますよね。

けれど、**「あいつをやっつけたい」という気持ちよりも、「嫌いになったあの人以上**

ネガティブな思いをお金に換えるには

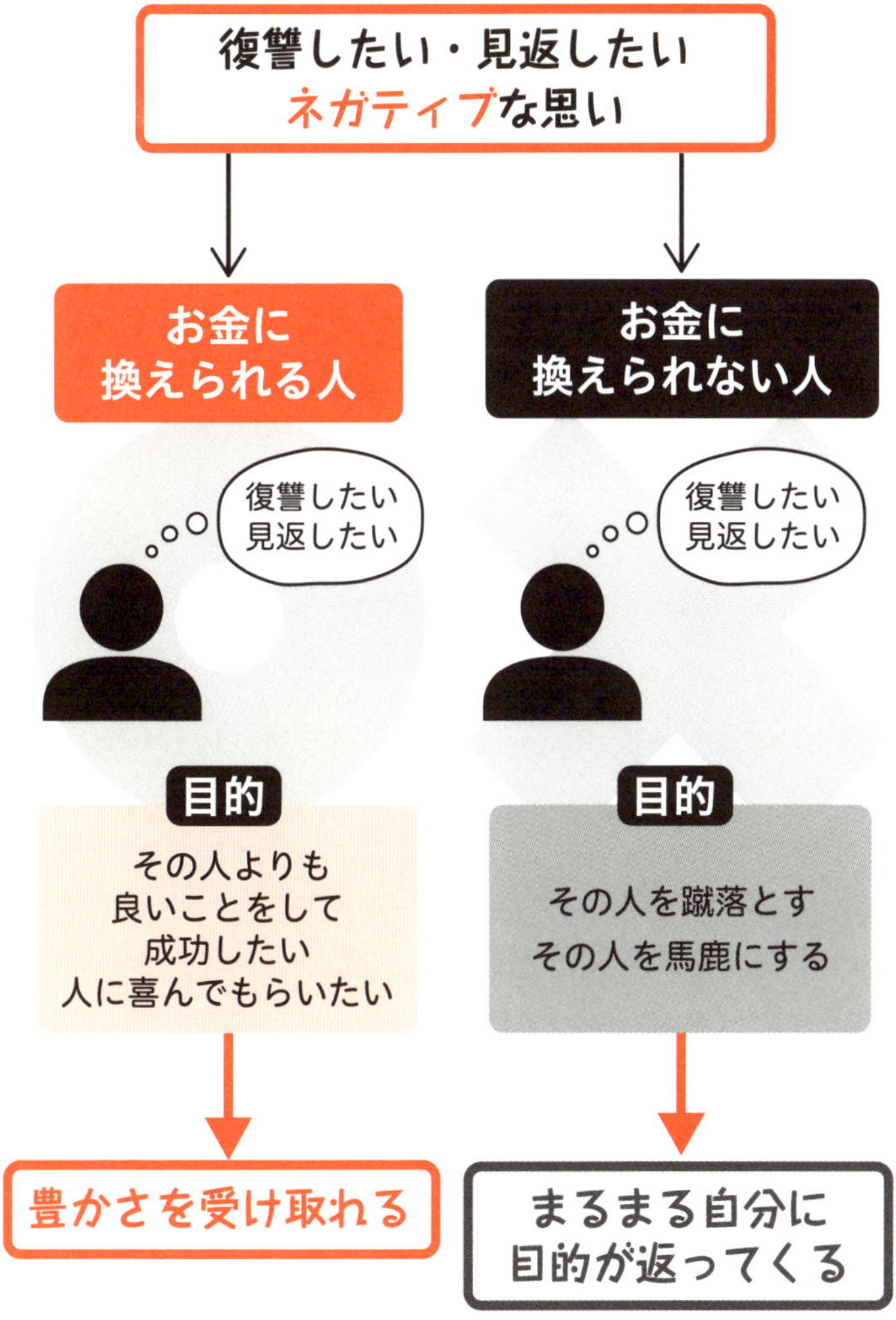

に、良いことをして、人に喜んでもらいたい」というポジティブな動機が強くなっています。こうなると、この夢は叶うのです。

もし、「復讐してやりたい、あいつの会社をつぶしてやる、そのためにおかしな取引をしてやる」という気持ちだと、悲惨な目に遭わせたい、泣かせたい、恥をかかせてやりたいという攻撃のエネルギーになるため、それはそのまま、自分に返ってきてしまいます。

ちょっと気持ちを変えることで、このように結果を大きく変えることができるんですね。

そして、恨んだり、復讐したい……そういった気持ちがあっても、それは決して悪いことではないのです。人間だからこそ、こういう気持ちを持つこともある。その自分を嫌わないであげてください。大丈夫、あなたは復讐したい人ではないんです。

お金と罪悪感の関係

実は、**良い人の多くにお金を手に入れられない理由に、「罪悪感」**があげられます。私は悪い人間だから、善行＝奉仕をしなければならないという考えです。これが根底にある時、私たちはお金を得ることはしません。

つまり、悪い人間は人に奉仕しなければならない、それで人に許してもらわなければならない、という発想があるのです。

でも、よくよく考えてみると、あなたはそんなに奉仕しなければならないほど、悪人ではないんですね。むしろ、人に対して優しく、他人の気持ちが分かり、繊細で、もともと気配りもできる人だと思います。

「**他の人よりも優れている**」のです。

にもかかわらず、なぜこんなふうに罪悪感を持ってしまうのかというと、それは、

罪悪感の感受性が強すぎるからなんです。

たとえば、誰かのちょっとした期待に応えられなかった。

そんな時、「普通」の人であれば、「ああ、めんどうだなあ。そんなの勝手に期待して。知らないよ」と一蹴《いっしゅう》したり、「人のためにやりすぎるのはいやだな」なんて思うことができます。

けれど、優しい人は、これができません。

「ああ、私はせっかくのこの人の期待に応えられなかったんだ、ごめんなさい」「次こそはがんばるから」「次こそはあなたを笑顔にしてあげるから」「次こそは……もっともっと、あなたを喜ばせてあげるから」。こんなふうに思ってしまうのです。

つまり、**自分は何も悪くないのに、自分から悪さを背負い、自分から相手を喜ばせる責任を背負ってしまう**のです。

それゆえに、「私が悪い、だからあなたに無料（無償）で奉仕する」という貧乏のサイクルができてしまうのですね。

あなたは本当は、そんな罪悪感を抱えなくていい人。むしろ、「人よりできる」し、「人より分かる」し、「人より優しい」し、「人より気がつく」し、「人より能力が高い」し、「人より美しい心を持っている」のです。

だからこそ、この言葉を唱えてみてください。

「私は何も悪くなかった」
「むしろ、私は与えすぎていただけ、優しすぎただけ、気づきすぎただけ、能力が高すぎただけ、できすぎただけ」
「だから、私は、他人が私に寄りかかることを許してしまっていた」
「だから、私は、他人にしてあげなければいけないと、自分を追い込んでしまった」

こうして今まで苦しかった優しいあなたが抱いてきた辛さをしっかりと感じてあげながら、「苦しかったね、辛かったね、でももう、何も背負わなくていい、自分からやらないでいい」ということを、自分に伝えてあげましょう。

辛かったですね。優しいあなただからこそ、たくさん心を痛めてしまったかもしれません。でももう、罪悪感を持つ必要はありません。

欲を持たない人には、お金が流れてこない

欲がなさすぎる人にも、お金は流れてきにくい傾向があります。

欲がなさすぎて、自分の取り分をものすごく低く見積もってしまっている。その結果、最初から自分に得るのを許可している量が少ない。だから、得られない。

欲がなさすぎて、「私はいらないよ」と相手に譲ってしまっている。その結果、無意識に周囲に金銭を分け与えている。だから自分の懐に入ってこない。

欲がなさすぎて、というか本当は欲はあるけれども、欲を持ってはいけないと教えられてきたので、欲を持たないようにしている。その結果、本当は欲しいのに欲しく

ないふりをしている。だからもらえない。

でも、「だからといって、そんなに堂々とお金をもらいたい、なんて欲張るような言葉はやっぱり言いづらい」という人もいるかもしれません。

日本人の美徳ですね。

単にお金が欲しいというのは、わがままです。

けれど、これが「私はあなたに貢献をして、その対価をもらいたい」となると、立派な循環になります。相手も幸せ、自分も幸せというＷｉｎ－Ｗｉｎの関係ということになるからです。

子供の時、何かお手伝いをしたらお小遣いをもらい、褒めてもらった経験がある方もいらっしゃるかもしれません。ある意味、これはお金の循環の正しい在り方です。

「**あなたがしたことに対して、しっかりと評価をし、ポジティブな結果や対価をくれる**」わけですから。

もし、お手伝いをしたのに、何ももらえなかったとしたら、どうでしょうか？　がんばったのに何ももらえなかった。感謝もお礼もしてもらえなかった。がんばったのに、疲弊するだけだった。残念だな。そんなものなんだ。自分の労働は、その程度のもので、私はその程度の使われるだけの人間であると思ってしまうかもしれません。

こうならないために私たちは、しっかりと**自分の行動に対して「対価」を要求してよい**んですね。それは、決してお金に限りません。笑顔だったり、感謝だったり、食事だったり、そういったものでもいいのです。

しかし、**「ちゃんと貢献した私が評価される」ということを、しっかりと自覚して、ルール化しなければなりません**。

これは、あなたを幸せにするための義務にしてください。

優しいあなたは、遠慮してしまうかもしれない。

でも、だからこそ、「私のしていることにちゃんと対価を要求する！」と、ここで誓ってみましょう。

私は、私のしていることに、きちんと対価をもらう。
そして、対価を払わない人には、愛も労力も注がない。
これが、あなたの新しい価値のルールです。

多くの人に喜びを与える
エネルギーが大きな金額を動かす

ここで、もう少し踏み込んで、本質的なお話をしていきます。
エネルギーとはいったい何か？　というと、

○自分の内側から湧き上がってくる感情
○自分がふと思う、心からの本音の思考
○実際に行動する時の「動く量」
○その行動をどんな気持ちでしているのかという「動機」
○そのことに対する情熱・湧き上がってくる「思い」

などになります。

そして、これらは他人のエネルギーと合わさることで大きなエネルギーに変わっていきます。

あなたのエネルギーが多くの人の喜び（エネルギー）を鼓舞するものであれば、その喜びのエネルギーはとても大きいものになります。それゆえに、大きな金額が動きます。

また、これらのエネルギーが、よりポジティブなものであれば、人が賛同しやすいので、より動きやすくなりますよね。

たとえば募金活動。「誰かを救いたい」という純粋なエネルギーは、それだけで多くの人の心を動かします。だからこそ、より大きな金額になりやすいのです。

一方で、ネガティブな思い……恐怖などで大きなお金が動くこともあります。たとえば危機管理。「これをしなければ、○○になってしまう」という恐怖も大きいですよね。だからこそ、人はそこにお金を投資したり、怖さのあまりお金を払ってしまったりします。

「今やらないと、将来、○○になるかもしれない」と脅されるとどうしても怖さのあまりに払ってしまうのです。

ただ、ネガティブな思いを動かしてお金を稼ぐ方法もありますが、こうしたエネルギーはネガティブなまま、罪悪感や自罰的な感情を植えつけます。

そのため、よりポジティブな思いでお金を動かす方が、気持ちよく豊かになることができるのです。

「なりきり」で世界の豊かさを受け取る

本来、世界には豊かさが在ります。けれど、私たちは、自分の潜在意識で「どうせそんな豊かさは手に入らない」と、勝手に拒絶しているのです。

たとえば、とても素晴らしい環境のラグジュアリーなリゾートホテルがあったとします。けれど、「どうせこんな場所には縁がない」と、勝手に拒絶し、軽蔑し、自分の人生から排除しようとするとお金の流れは止まってしまいます。

こうした無意識のクセがある限り、あなたに嫌われている世界中の富は、あなたを愛してくれません。このクセを治すために次のことをイメージしてください。

ステップ 1

まずは、あなたが憧れる・嫉妬する・どうせ手に入らないだろうと批判しながらも本当は欲しい環境……ホテルや、セレブなレストランや、素晴らしいブランドなどを思い浮かべてみてください。居心地が悪くても、我慢しましょう。

ステップ
2

そこから、ある男性が出てきました。その人はあなたを見て、「今まですよくがんばってこられましたね。どうか、こちらでお茶をいかがですか？」と微笑みながら、あなたをエスコートしてくれます。その人のことを信頼して、お茶をいただいてください。

その人は微笑みながら、「私は、あなたのような誠実な、働きものである方にくつろいでほしいと思って、このホテルを作ったんです。綺麗でしょう？」と言って笑ってくれます。「あなたのような方を癒したくて、あなたのような方をケアしたくて、居心地よくいてほしいと思っているんですよ」と言ってくれています。

豪華なホテルも、素晴らしい肌触りの洋服も、「高い」のではなく、あなたを心地よくしたくて、あなたを癒したくて、そこにあります。改めて、「高い」のではなく、その豪華な場所やブランドを作った人たちの愛と思いを受け取ってみましょう。

私たちがお金の流れを止めている時、世の中の多くを誤解しています。お金にこだわるあまりに、「その本質がどんなものか」を見失ってしまうのです。

これが分かったら、もうお金を拒絶せず、その背景にある愛とともに、「素敵」「私はこういうところにいたい」**「私はこれを選択したい」と思い直し、豊かさを受け取ってみましょう。**

お金を本当に手に入れるアファメーション

お金の流れやお金について学んできた上で、ここで仕上げのワークをしてみましょう。言葉を唱えることで潜在意識を変えるという「アファメーション」のワークです。

「お金がざくざく入ってきます！」というアファメーションを唱えようという説もあります。しかしこれは、なかなか叶いにくいんですね。なぜなら、潜在意識が書き換わっていないために、「でも入ってくることなんてないよね」「でも私には価値がないし、ありえっこない」などと、無意識に考えてしまうからです。
そうすると、どうしてもお金は手に入りません。

潜在意識は、自分の顕在意識の願いと潜在意識にある信念が一致した時、はじめて、効果を発揮します。

たとえば、自分の潜在意識に、

「お金はしっかりと働いて手に入れるべきだ」
「自分だけが豊かになることは望まない」

という正義感や愛がある場合、それを無視したアファメーションを唱えたとしても、意味がないのです。唱えれば唱えるほど、罪悪感が生まれたり、「そんなことダメじゃない？」という反作用が生まれてしまうのです。

こう考えると、「ついてる」「お金がざくざく手に入る」などのアファメーションが効果がない理由が分かりますよね。

ではどうすればいいかというと、**「貢献」という形であれば、受け取ることができる**ようになります。

つまり、お金を手に入れるために唱えるべきアファメーションは、

「私はこんなにも人の役に立てて嬉しい！」
「私の才能が、誰かの喜びに変わって、涙が出るほど嬉しい！」
「私の普通にしていることが、誰かの喜びになるなんて知らなかった！」
「だから、私は本当は価値（対価）を受け取ってもいいんだ！」

これであれば100％、人を裏切る罪悪感も、労働していないことに対する罪悪感も生まれないため、すぐに現実が変わりやすいのです。

朝１分間のアファメーション

この章の最後に、朝起きがけに唱えるお金の流れを良くできるアファメーションを紹介します。

アファメーションのコツは、「貢献」と「そんな豊かさとお金を受け取ってよかった私！」を感じることです。この自分を感じながら、普段から、次の言葉を唱えるようにしてみてください。

「私は今日までこんなにもがんばってきた。ありがとう。だから、今までの苦労が報われていい」

「私は努力してきた。誠実で、愛にあふれる、優しい私として目覚めることができた。そして、この私で生きることができる。だから私は、この私にふさわしい現実を受け取っていい」

「私は自分が思う以上に、今までたくさんの人を幸せにしてきたし、たくさんの人に貢献してきた。もう、その対価を今、受け取っていい」

「私はもうこれ以上、がんばってきた自分の価値を認めるのを先延ばしにすることをやめて、がんばってきた自分の価値を受け取ります」

「こんなにも、努力して、愛情深く生きてきてくれてありがとう。そんなあなた（＝私）が、誰よりも幸せになるように、心から応援（＝許可）するね」

「私はもう、箱に入るのをやめ、私の魅力や私の才能を出し惜しみすることをやめます。そして、そうした私として、評価されて生きることを許します」

毎朝、この中の一つでもよいので口にして、お金の流れを良くしましょう。

第3章まとめ

- お金の流れの本質は、ポジティブな気持ちのやり取り。人はポジティブに感じられるものに、お金を払う。
- 人へのネガティブな思いをお金に換えるには、その人を蹴落とすことを考えるのではなく、その人以上に他人の役に立つ方法を考える。
- 欲を持たない人には、お金が流れてこない。ちゃんと貢献した自分が評価されるということを自覚して、ルール化する。
- お金を直接ねだるようなアファメーションは意味がない。「貢献」を実感するアファメーションが効果的。

第4章

勝手にお金が流れ込む、お金の受け取り方と使い方

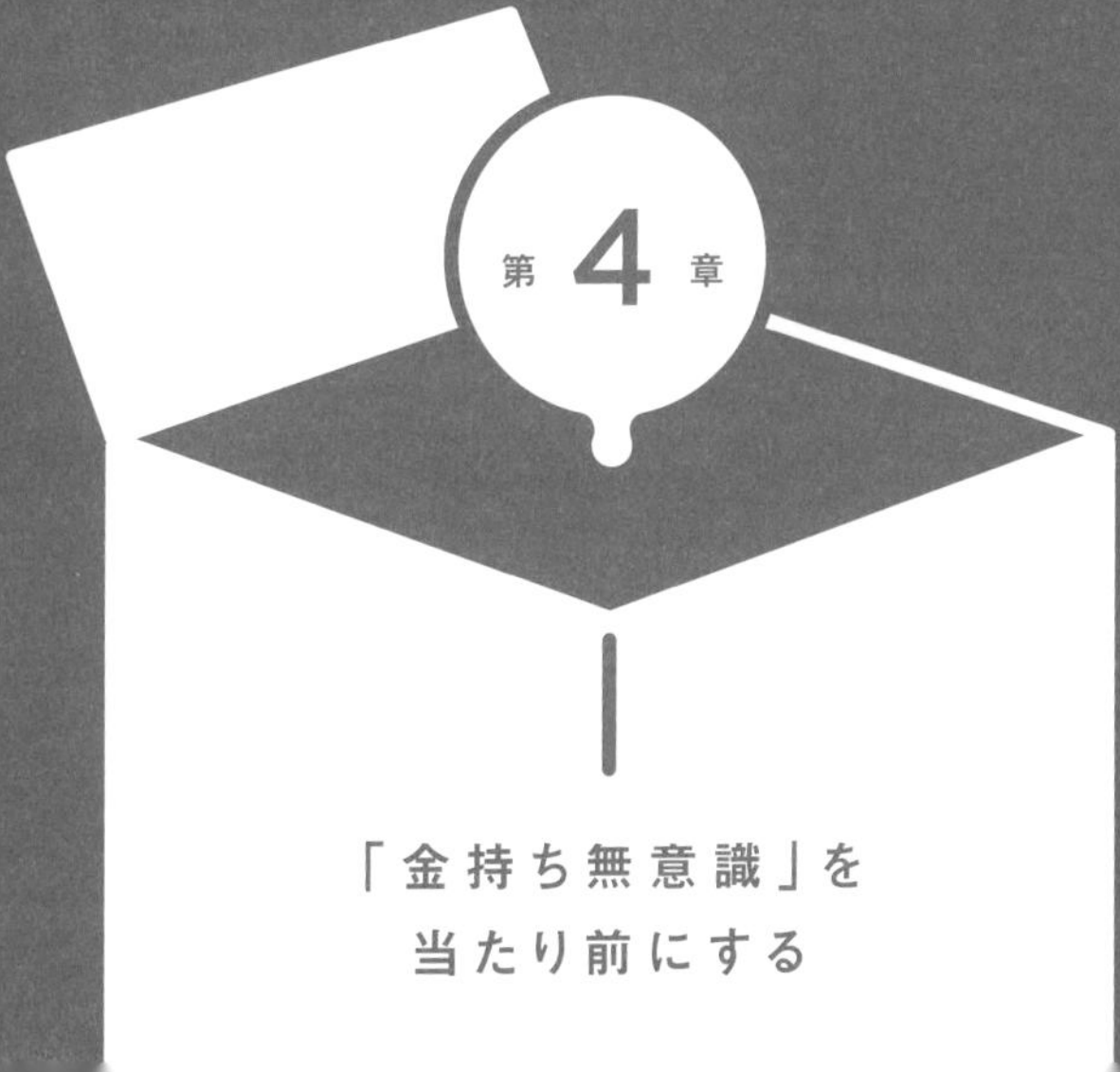

「金持ち無意識」を当たり前にする

お金は単なる紙。大切なことは、その受け取り方と使い方

第3章では、お金の流れを良くする方法をご説明しました。第4章では、仕上げとしてお金の正しい受け取り方と使い方を紹介します。

お金の流れが良くなっても、お金に対する欲に抵抗がある人は、うまくお金を受け取れません。

お金に対する欲に抵抗がある人は、こう考えてみるのはどうでしょう。

あなたがある人に対して、対価を求められるくらい大きな貢献をしたとします。

もしその人が農園を経営していて、「ありがとう、あなたがしてくれたことが本当に嬉しかった。だから、うちの農園でとれた美味しいリンゴをむいてきました」と言ってくれたら、どうでしょうか？「いえいえ、受け取れません」ではなく、「わあ！

ありがとうございます！」と、美味しくいただけると思います。
このリンゴが、紙になるだけです。

「私はあなたの好きなものが分からないの。だから、お礼をしたいけれど何をプレゼントしたらいいか分からないから、あなたが何にでも好きなものに交換できるこの紙を渡すね」

これが、お金なのです。
こうして考えると、なぜ、**感謝のチケット＝紙**をこれだけ嫌っていたのか、もう分からなくなりますよね。

つまり、あなたが嫌っていたのは、お金ではないのです。
すでにお話ししましたが、あなたが嫌っていたのは、お金を粗末に扱ったり、お金を道具のようにして人を操作しようとしたり、お金があるからと威張ったり、自分だけ得をしようとしたり、優位に立とうとしたり、お金で人の気持ちを買おうとしたり……「そういった人の在り方」なのです。

でももう、お金のエネルギーの流れを理解したなら、他人がどうお金を使おうと思っていても、あなただけはお金を綺麗に使っていきましょう。

あなたの元に来たお金は、「この人はとても優しいし、私のことを綺麗に使ってくれる」「私のことを、とても温かい気持ちで、正しく、喜びのために使ってくれる」と、すでに喜んでくれています。

心の綺麗なあなたのところに来られて、嬉しかったのですね。

他人がどう使おうと、あなたがお金のことを、「きちんとした対価」「幸せなもの」と純粋な気持ちで使っていれば、お金はずっと、あなたのことを好きで、あなたの元に集まってくれます。

でもそれは、あなたのエネルギーが美しい、人から愛される、尊敬されるということの裏返しなのです。

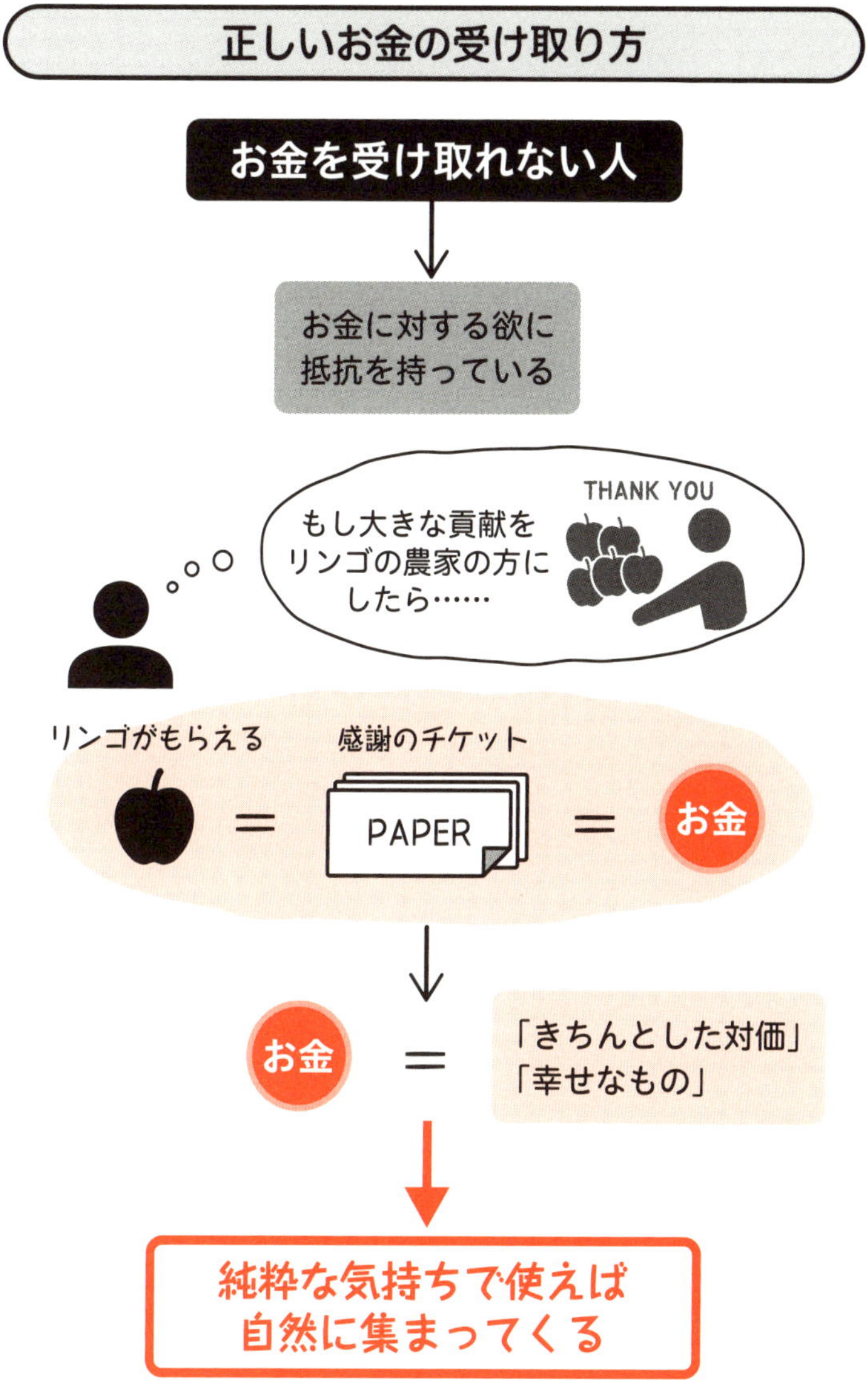
正しいお金の受け取り方
お金を受け取れない人
お金に対する欲に
抵抗を持っている
もし大きな貢献を
リンゴの農家の方に
したら……
THANK YOU
リンゴがもらえる
感謝のチケット
PAPER
お金
お金
「きちんとした対価」
「幸せなもの」
純粋な気持ちで使えば
自然に集まってくる

お金がさらに回る使い方

お金は豊かさのエネルギーだということをお伝えしてきました。その上で、よりお金が回る「お金の使い方」について、お伝えしていきますね。

◯お金の使い方1

まず、お金を支払う時は、「これは私の命なんだ」ということを自覚してみてください。買い物依存症など、「後悔するお金の使い方」をしている人ほど、「お金＝自分の命＝自分の人生の努力の時間」そのものである、ということを自覚していません。

自分の価値よりも、目の前の何かの方が重要になってしまうため、「これを買ったら私は満足できたり、価値が上がる！」と思ってしまい、簡単にお金を払いすぎてしまうのです。

けれど、あなたが手にしているお金があなたの命そのものであるならば、しっかり吟味して、納得した上で、**あなたの命が心から満たされるようなものにお金を払うようにしてみましょう**。

一時的な感情ではなく、「ずっと使うかな？」と考えてから、買う。

「欲しい！」で飛びつくのではなく、「これは私の人生を向上させるものかな？」と考えてから買う。

ただなんとなくものを食べるのではなく、「心が満たされるかな」「本当にこれが食べたいのかな」と、落ち着いて考えてみます。

こうすることで、お金を払う対象に引っ張られず、自分の気持ちを軸にして、お金を払えるようになります。自己重要感が大切なのです。

○お金の使い方2

商品を売っている相手にとっても、その商品は相手の命そのものです。人生の時間と、感受性と、あらゆる努力の上で作り出したもの。

だからこそ、**「これは誰かの命＝感受性や努力の結晶なんだ、ありがとう」と感謝しながらお金を払うようにしてみましょう**。

こうして、お金の「背景」その裏側に、どんな人たちの思いや価値が込められているかを理解しながらお金を使えるようになると、「感謝」「理解」のエネルギーが循環するようになっていきます。その結果、自然に「他者尊重」、他人を大切にし、愛せるようになり、そういう人は自然に愛されるようになっていくのです。

○お金の使い方3

よく、「損した！」とか、「こんなものだったなんて！」と、お金を使った後がっかりして後悔し、売った人に怒りをぶつけるパターンがあります。

もちろん、「それが自分に合わなかった」のはその通りなのですが、でも、こうして「自分が買う決断をした」という責任を放棄していると、ずっとこのパターンが続いてしまうんですね。

たとえば、よく吟味しないで化粧品を買ってしまった。「ああ、やめておけばよかった。なんで店員さんはこんな商品を勧めてきたんだろう」と自分への後悔と売った人への怒りを持つ。これだと、また同じパターンになってしまいます。

けれど、「私は一時的な流行に乗って、自分に合わない色を買ってしまったな」など、あくまで**「それを買う決断をしたのは自分」だと受け止め、その「損する決断自体」をきちんと正そうと思えると、損するお金がどんどん減っていきます**。

お金は「使い方」が鍵なのです。

潜在意識は「ある」ものしか現実化できない

潜在意識は、「ある」ものを現実化します。

たとえば、「自分には才能がない」と思っていれば、「ない」のですから、価値を認められることもありません。チャンスも生まれません。

この世界がとても酷いもので、不公平で、何もチャンスが「ない」と思っていれば、あなたの現実にチャンスが訪れることはありません。

この世界が貧乏な人ばかりで、豊かさなんてなくて、お金の流れも「ない」と思っていたとしたら、その流れがあなたに訪れることはありません。

あなたは今、お金が「ない」かもしれません。そしてそれは事実でしょう。

けれど、**「お金を手に入れるチャンスまでない」と思っていたとしたら、将来的に**

もお金はなくなります。

自分にお金を稼ぐ才能は「ない」と思っていたとしたら、将来的にもお金はやってこないのです。

どこにもチャンスはなくて、貧乏な人は一生貧乏で、お金なんて結局なくて、と思っていたとしたら、お金を手に入れるチャンスである「偶然のヘッドハンティング」もなくなるのです。

お金がないことが問題なのではなく、将来お金を得るチャンスまでも消してしまっている。それが問題なのです。

周りの人にうまく助けてもらう秘訣

ごくごく当たり前のことですが、私たちは人間として共存しながら「生きて」います。これは、私たちが一人で生きる必要はなく、他人に助けられながら、みんなで力を合わせて生きていっていいということなんですね。

そして、**豊かさを得ている人は、この共存がとても上手**です。

どうしてか分からないけれど、なんだかいつも周囲から助けられて、とても楽に物事をこなしている。共存が上手だからこそ、他人から与えられる＝豊かになっているのです。

でも、そうなる人とそうならない人がいるのはなぜなのか？　それは、共存が上手な人たちが「周囲に助けてもらえる秘訣」を知っているからです。これから、その秘訣を紹介します。

1、助けてもらいたいポイントが明確

まず、助けてもらえる人の特徴の一つが、**「助けてもらいたいポイントが明確」だということ**です。

たとえば、仕事で困っている時、「この仕事が終わらないから、〇〇に××して、

こんなふうに動いてくれると助かります」と要求が明確であると、それを聞いた相手も分かりやすいですよね。

でも、「もうパニックになって、助けてもらいたいけれど、どうしていいか分からない……」そんなふうにただ感情だけを言われても、周囲もどう助けていいか分からず、困るしかない。話を聞いてなだめたり、カウンセラー代わりのことはできるけれど、それ以上のことには踏み込めない。そんな状態になってしまうのです。

ですので、**助けてもらいたい時は、ただ感情的になるのではなく、「ここをこう手助けしてほしい」と出口を明確にしておくことが大切**です。

特に、不安になって感情をぶつけてしまうと、それだけで相手が引いてしまいますから要注意。

あくまで冷静に、「これをやってほしい」とお願いするように心がけてください。

2、助けても助けなくても相手の自由

同時に、**お願いする時に重要なポイントが、「あくまで相手が助けるかどうかは自由であって、助けることは絶対ではない」ということを理解しておくこと**です。

どうしても助けをお願いしたい時、こちらの期待が大きすぎて、「絶対にやってほしい」という気持ちが出てきがちですね。

しかし、こんなふうに「絶対ね」とされてしまうと、相手も忙しいのに断れなかったりして、「自分のことばかりでわがまま」と言われてしまう可能性もあります。

そうならないためにも、あくまで「相手は断ってもいい、でももし可能であれば、手伝ってくれるとありがたい」というニュアンスを伝えると、わがままだとは思われなくなります。このように、相手に選択の余地を与えるかどうかで、同じことをするのでも印象ががらっと変わってしまうのです。

3、相手はできる。その人を信頼している

周りの人にうまく助けてもらえる秘訣

❶ 助けてもらいたいポイントが明確

→ 伝える際に感情的にならずに相手に分かりやすく言う

❷ 助けても助けなくても相手の自由

→ 期待を大きくせず相手に選択の余地を与える

❸ 相手を信頼する

→ 「信頼できるから任せたい」という気持ちが相手にも伝わる

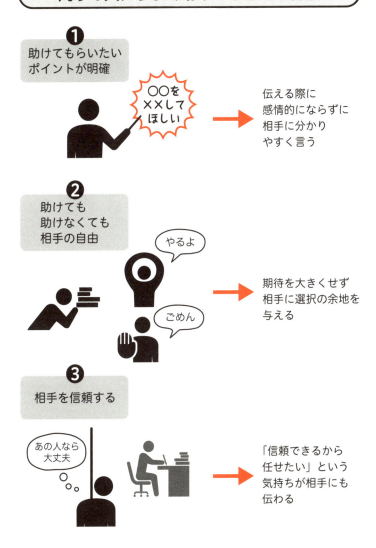

最後に大切なことが、「**相手がその仕事ができる人だということを信じ、その人を信頼している**」ということ。

助けてもらえる人は、普段から周囲の人に対して強い信頼を持っています。

「できる」と思っているからこそ、「これを頼んでも大丈夫」というように、相手にしっかり委《ゆだ》ねることができるんですね。

こうして信頼がベースにあると、相手にもそれが伝わりますから、「分かった」と力になってくれやすいのです。

しかし、普段そんなに関わりもないし、信頼もしていないのに、いざという時だけ手伝ってよ！　となると、まるで下働きをさせられているような気持ちになってしまうのが人間というもの。

頼む際のベースに、「単にやってくれるだけの人」なのか、「信頼できるからお任せしたい」のか、その気持ちがあるかどうかで相手の捉え方も、「いいよ」と言ってもらえる確率も断然変わってくるのです。

こうして助けてもらいながら、自分ができることは、どんどん人に与えていってみてください。実は、この「相互に助け合うこと」がお金の流れをさらに良くします。「私はリンゴを作れない、でも魚をとることができる」「それなら私はリンゴをあなたにあげるので、魚をください」。このように自分から貢献し、相手からも受け取る。豊かさの循環を身につけることで、さらにあなたに豊かな流れがやってくるのです。

助けたい症候群・クセをなくす

誰かに愛を与えることは素晴らしいことですが、それは「自己愛の欠如をごまかしている」「本当に助けるべき自分をほったらかして、依存している」と言えます。これを知らずにいると、ずっと「自分以外の、助けなければならない人を見つけ出して、その人に自分を捧げ続ける」ということを繰り返します。

つまり、**損をし続けてしまう**んですね。これから、そのパターンを抜け出すワークを紹介します。

ステップ1 まずは、「してあげる」ことでどんな価値を実感しているのか、自分がどんな感情を抱いているのかを見ていきましょう。

- 私はこれだけのことをしてあげることができる（何もしなければ価値がない）
- してもらうことよりも、してあげる方が好きだし満足できる
- してあげていると、人生が充実しているし、満足できる
- 自分のことを肯定できるし、求められている感じがして嬉しい
- 他人のためだったら、どれだけでもがんばれる！
- あなたのことが心配で、こうすればいいのにと、たくさんアイデアが出てくる
- 私は気づくことができるんだから、それをやってあげなきゃダメだよね
- あなたはもっと○○すれば素晴らしくなれるの！　だから協力する！

これらはすべて、「あなたへのメリット」ではなく、他人への一方的なメリットです。その間、あなたは損をしている……そのことに気づいていますか？

ステップ 2

次に、「してあげない」ことへの不安感、不慣れさについて見ていきます。

- 自分がしてあげることに「ありがとう」と言ってくれる。そうじゃないと相手が冷たい気がする
- 本当は、何もしなくても愛されて大切にされている子が羨ましい
- 「してあげることが愛」って、誰かが言ってた
- してあげることで、いつか愛が返ってくるはず
- してあげていないと、人生が暇になってしまう
- してあげる関わりしか、したことがない
- してあげていると相手に夢中になれるし、孤独感が癒される（してあげていないと寂しい）
- してあげないと、私なんて相手にされないし実際にそう
- 私から働きかけないと、誰も私になんて働きかけてくれない
- 自分のためになんてお金も使えないしがんばれない

●相手にしてあげることを、自分に対してなんてできない

こうして「してあげない」ことを考えてみると、とても不公平な生き方をしてきたことに気づくかもしれません。「他人にしてあげない」ことには罪悪感を持ち、自分に「してあげる」ことへは、ダメな意味で罪悪感を持ってしまう……。

けれど、本当はこれは真逆なんです。

他人に与えている間、あなたの潜在意識には、じっとあなたのことを見て寂しそうにしている、子供の自分がいることを感じてみましょう。あなたはがんばってきた自分をほったらかしで、他人の世話ばかりしてきたのです。

ステップ3

他人の世話ばかりしてきたことを自分に謝ってみましょう。

そして、その自分に対して、他人に対して与えてきたことをしてあげてみてください。

ケアしてあげる。気遣ってあげる。話を聴いてあげる。褒めてあげる。肯定してあ

げる。注目してあげる。勇気づけてあげる。味方でいてあげる。

どうでしょうか？　自分の中が満たされ、自分のことがとても大切だと思えてきたかもしれませんね。

これが、自尊心の感覚です。

そう、最初から貧乏、最初から粗末にされる、というパターンを解消してあげるのが、自分への愛。

他人にするよりも先に、自分を満たす！　という、健全な自己愛なのです。

ノンストレスなお金持ちマインドの作り方

現代社会を生きる中で、誰もが抱えている「ストレス」。人との摩擦や、仕事への責任、将来への不安など……私たちが生きていくのは、思った以上に大変なこと。

けれど、実は、お金を持っている人ほど、このストレスに対する対処が上手なんです。ストレスを持たずに生きているからこそ、より行動できて、「結果が出やすい＝見返りや報酬を得やすい」という傾向があります。

ここでは、ストレスを抱えがちな真面目なあなたのために、ノンストレスなお金持ちマインドの作り方をお伝えしますね。

ステップ1 落ちるのは当然。だから良くなることよりも、自分を休める。

実は、**ストレスを感じている時に一番苦しいのが「自分責め思考」**です。

自分責めは、ちょっとした他人の言葉や差別、嫌味、比較……こうしたネガティブな外的条件で生まれます。

「あの人はできるのに」

「がんばっても成果が出ない……」

「どうしていつも失敗するんだろう？」

人生をがんばって生きているからこそ、こうしたネガティブな思いがぐるぐる回ってしまうことってありますよね。

そして、それをなかなか止められず、そのことでさらに自分を責めてしまったり。

でも、こんな時も安心してください。

もともと私たちの心は、ほうっておくとネガティブなことにばかり意識が向くようになっています。さらに、「もともとがんばっていて向上心があるからこそ、自分を許せない」のです。ですので、こんな時ほど、「早くもっと達成しなきゃ」「早く変わらなきゃ」と焦るよりも、

「がんばっているからこんなふうに思うんだね。少し、がんばっている自分を休めようね」


と、自分を大切に労《いたわ》ってみてください。

休む・労る・すでにがんばりすぎている自分を評価する。

これだけで、責める思考はすーっとなくなっていきます。

ステップ2

やらなくちゃ！　ではなく、「最低限」のことだけにフォーカスする。

ストレスと思考の忙しさと貧乏マインドは、実はセットです。
「あれもこれもしなきゃ、でもできていない！　どうしよう、もっと〇〇しなきゃいけないのに……！」
こうして目の前のタスクもたくさん、時間も手も足りない、さらに心も思考も目いっぱい……そんな状態になると、この状態そのものが脳に負荷をかけ、「何もしていないのにストレスで身動きがとれなくなり、さらにストレスになる」という悪循環になってしまいます。

こんな時は、思い切って「**最低限思考**」をしてみてください。

最低限、今はこれをやらなければならないから、この仕事だけに集中する。
最低限、今日は〇〇と〇〇をやる。終わってから、他のことは考える。

こうして自分の意識の分散を避け、「上手に集中」できるようになると、それだけでストレスは減り、結果的にタスクも減り、一つひとつ達成しながら物事を片づけることができます。

やるべきことが多い時ほど、取捨選択することも大事なんですね。

ステップ3 「いいかげん」「とりあえず」のクセを持ってみる。

ストレスを抱えてしまいがちな人の傾向として、完璧主義があげられます。

どうしても完全にやりたいし、人に喜んでもらいたいし、自分も目指す理想があるし……と、ここでも自分の思考と心の負荷がセットになっているんですね。


そんな時は、「**いいかげんにやってみる**」「**とりあえずやってみる**」ことを心がけてみてください。

最初は、とても抵抗があるかもしれません。

たとえば、

「ダラダラネットサーフィンをしながら、資料を作り始める」

「とりあえずこんなもんかな、と思って企画を立ててみる」
「やる気が出ない……でも、どうでもいいかと思って合コンに行ってみる」

とてもいいかげんですよね。そんなんじゃダメ！　と思うかもしれません。

けれど、大切なことは、「ストレスを抱え、自分にプレッシャーをかけて動けなくなる」ことよりも、**「そのストレスを超えて、自分にまずは行動させてあげる」という許可**です。

そして実際に動いてしまうと、「あれ、もっとこうした方がいいな」「思ったより楽しかった」「やってみたら色々アイデアが出てくる！」というように、脳が活性化され、ノンストレスで行動できるようになるんですね。

たとえば、クライアントOさんは、それまで自分に厳しい完璧主義者でした。上司から毎日叱責される辛い職場にいたにもかかわらず、行動する前から「私は完璧ではな

ノンストレスなお金持ちマインドの作り方

ステップ 1

調子が落ちた時に
「自分責め思考」をせず、
自分を休める

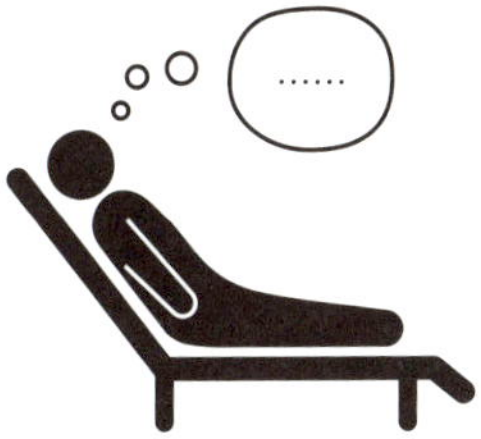

ステップ 2

「最低限」のことだけに
フォーカスする

ステップ 3

「いいかげんに」
「とりあえず」 手をつけてみる

ダラダラ
ネットサーフィン
をしながら
資料を集める

つまらなくても、
とりあえず
企画を立ててみる

**まずは自分に
行動させてあげる**

いから、まだ転職できない」「私は準備ができていないから」と、転職に向けた活動も何もできずにいたのです。

しかし、「とりあえず」自分の好きな飲食業について調べたり、散歩しながら「こんな場所に就職できたらいいな」と考えるようにしたりしたところ、良い求人情報を見つけ、とんとん拍子で転職先が決まってしまったのです。

完璧主義という貧乏の箱に入り、可能性をつぶして、豊かさも楽しみも手放してしまっているのは、本当はいつだって自分自身なのです。

お金に対する不安を解消する方法

普段、何気なく暮らしているけれど、ふと突然「○○になったらどうしよう……」と不安が湧き上がってくることってありますよね。

お金がなくなったらどうしよう、稼げなくなったらどうしよう……。

まず、私たちが不安に襲われてしまう時、その不安は「過去のネガティブな記憶や体験」であったり、「極度に不幸な情報」に基づいていると捉えてみてください。

つまり、「こうなったらどうしよう！」と思う時は、「そうならない確率も高い」にもかかわらず、あえて「極端に不幸な状態になる可能性」ばかりを考えてしまっているということです。

まずは、自分で「あえて最悪の可能性を拾っている」ということを、客観的に受け止めることが大切なんですね。

そのためには、**紙に書くなどして、確認していくことが大切です**。

「それは、過去や、単に見聞きした情報であり、現時点では違う」ということを自覚するためです。

書き方（捉え方）としては、

「**今、実際に起きていること**」

「**自分が過去苦しんだことで、不安に思っていること**」

を分けます。すると、自分の現在の位置と、自分の思考がかけ離れていることに気づけると思います。こうして不安に飲まれてしまう時は、まず、自分を「不安に集中している状態からいったん離れさせる」ことが大切です。

そして、不安な気持ちを整理したら、次はそれをシェアしてみましょう。

不安とは、「自分が解消できないかもしれない、かつ将来、究極的にネガティブに考えたとしたら起きる可能性があること」ですよね。

たとえば老後にお金がなくなるかもしれない。
事故に遭うかもしれない。
体が動かなくなるかもしれない。
転職・就職できないかもしれない。

これらは、「可能性としては低いし、究極的に最悪なケース」です。けれど、100％「絶対に起きないこと」ではありません。

ですので、「こんなこと起きないよね」とごまかす必要はないんですね。不安をしっかりと認識したら、「それを解消してくれるプロ」「その話を聞いてくれる人」と分かち合ってみましょう。

この時、友人などに話すと曖昧になってしまう可能性もあります。ですので、ここでは業務として、プロとして活動している人に話してみるのがベストです。

多少、お金は必要になるかもしれませんが、不安な気持ちを持ったままそわそわして生きるよりも、「自分の気持ちを受け止めてもらうこと」に価値を見出し、対処することは良いお金の使い方になります。

こうして、「いざという時、対処してくれる人」を自分の周囲に置くことで、フォローしてもらえるという安心感を抱くことができます。

実は、お金に対する不安の本質は、「孤独に生きることへの不安」なのです。お金が欲しい、贅沢がしたい……というよりも、みんな、「この先、一人でいて、もし何かあって生きられなくなったらどうしよう」という強い孤独を抱えているんですね。

だから、一人でも安心して生きるために稼いでおきたい。他人から、「心配しなくても、ちゃんと生きられるよ」と言われたいのです。

しかし、こうしたお金の不安を抱えている時は、サポートし合える「仲間」を意識することで、「孤独に生きることへの不安」が減っていきます。

自分の背後に、自分が生きることをしっかりと支えてくれる誰かがいてくれると思う。その上で、助け合える・信頼できる・頼れる・支え合えるという人とのつながりを持っていきましょう。

あなたも誰かを助け、誰かもあなたを助けてくれる。貢献しながら、自分ができることを与えながら、受け取りながら、ともに豊かになっていく。こうすることで、「一人で焦って稼がなきゃ」という意識が減っていきます。

お金で愛を買うことはできません。

けれど、愛があることで、最終的にはお金も「本当の豊かさ」も、手に入れることができるのです。

第4章まとめ

- お金に好かれる使い方とは、「きちんとした対価」「幸せなもの」と考え、お金を純粋な気持ちで使うこと。
- 人から上手に助けてもらうポイントは3つ。「助けてもらいたいポイントが明確」「助けるか助けないかを相手に任せる」「相手を信頼する」。
- お金持ちはストレスへの対処がうまい。調子が落ちた時に自分を休め、「最低限」のことだけにフォーカスし、「いいかげん」「とりあえず」やってみるクセを持っている。
- お金に対する不安の本質は、「孤独に生きることへの不安」。他人と貢献し合うつながりを持つことで、不安は少なくなっていく。

おわりに

あなたはまだ、気づいていないかもしれません。

けれど実は、あなたの潜在意識は、もう貧乏の箱から自由になっています。この本を手にしてしまった瞬間から、実は変化をしているんですね。

あなたの潜在意識は、この本を手にし、ページをめくったことで、私には価値があるのかもしれない、と思い始めているかもしれません。

確かにお金が嫌い、悪いのではなく、お金を汚いやり方で回している人が嫌いなんだな。確かに私は今までたくさんの人に貢献してきた……。

あなたが「心のどこかでそう思えた」としたら、すでに、あなたの潜在意識は貧乏の箱から出ています。すでに、お金持ちの潜在意識が生まれ始めているのです。

自分の才能や価値を認め始めたあなたには、これからの未来、あらゆる可能性と希望が待っています。

これからあなたは、あなたを必要としてくれる人に求められたり、あなたのしたことが評価されたり、あなたがしたことを感謝されたり、そういうことが「当然」の毎日がはじまっていくでしょう。

そしてやがて、それが「目に見える形＝素敵なプレゼントやお金」となって、あなたの元に帰ってきます。

それを、心からの感謝とともに、受け取ってください。

すでに、もう準備はできました。

あなたがあなたとして生き、あなたの命の価値を感じる人生が始まります。

「あなたには、価値しかないのです」

さあ、この本を閉じ、箱から出たまぶしい、美しい世界をこれから体験してください！

著者

〈著者略歴〉
斎藤芳乃（さいとう・よしの）
一般社団法人　潜在意識学協会　代表理事。心の花嫁学校マリアージュスクール主宰。また月間110万PVを集める人気ブロガーとしても知られる。「自尊心」の大切さを訴え、潜在意識にある不幸の根本的な原因を見抜き、現実を変化させる心の専門家として、これまで延べ34,000人以上の悩みに向き合ってきた人気講師。潜在意識学を駆使した独自の「お金を増やすメソッド」は、実際にお金が増えると定評があり、全国で熱烈な人気を博している。著書に『「愛されて当然」と思うだけで、自分史上最高の彼がやってくる。』（大和出版）、『愛の引き寄せ７つのレッスン』（マイナビ出版）、『あの子が男性からうらやましいほど愛されている101の理由』（大和書房）などがある。

マリアージュスクール　http://saitoyoshino.net/
オフィシャルブログ　http://ameblo.jp/yoshinosaito/

たった４日間で潜在意識を変え、お金を増やす本

2017年９月29日　第１版第１刷発行

著　者　斎藤芳乃
発行者　安藤卓
発行所　株式会社ＰＨＰ研究所
京都本部　〒601-8411　京都市南区西九条北ノ内町11
文芸教養出版部　☎075-681-5514（編集）
東京本部　〒135-8137　江東区豊洲5-6-52
普及一部　☎03-3520-9630（販売）
PHP INTERFACE　http://www.php.co.jp/
組　版　朝日メディアインターナショナル株式会社
印刷所
製本所　図書印刷株式会社

ISBN978-4-569-83851-9